三采中醫館 5

更年期自療事典

Health Guide of climacteric

推薦序一

總統府國策顧問／林昭庚醫師

補充荷爾蒙之外的選擇

每個女性一生中，都要面臨一次更年期。在更年期當中，因為女性荷爾蒙減少，身體可能會產生大大小小的症狀，如失眠等，會讓此時的婦女陷入憂鬱的深淵，因此社會上便有更年期婦女易有陰晴不定、病痛多、難相處的刻板印象。

對於女性在更年期的種種不適，西醫是歸諸於女性荷爾蒙的缺乏，中醫則將更年期視為是身體的自然老化現象，只是在過程中身體因適應不及而導致陰陽失衡，因此會產生更年期症候群、甚至病症。

因此，中西醫在治療上完全是不同的途徑。西醫是以補充荷爾蒙來彌補流失掉的荷爾蒙，而中醫是透過辨證論治來緩解生理下滑的速度、調理陰陽，幫助身體重新適應女性荷爾蒙退場的人生階段。

由在婦科專業上經營許久、而且本身亦是女性的劉桂蘭醫師撰寫此書，是最適合不過了。而且本書不僅深入淺出的告訴大眾更年期是「怎麼了？」，並介紹更年期的中醫調養法，更提供了每天都可以施行的，寶貴的養生食療、居家養生術、正確的養生觀念等，以溫和無害的方式協助婦女度過更年期，這，是目前補充荷爾蒙之外的治療途徑，而且，完全沒有副作用，可根本地調理體質，為即將到來的銀髮族生活墊下基礎。

期望擁有本書的讀者，能更深入地認識更年期，善用中醫的養生方式，以天然無害的方式調理生活，更年期的婦女，一樣可以健康又美麗！

● 總統府國策顧問
● 中國醫藥大學中國醫學研究所教授
● 中台灣醫學科學雜誌總編輯

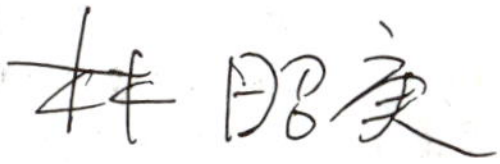

推薦序二

台北市立中醫醫院院長／陳春發醫師

以傳統中醫，溫和調理更年期

近年來，隨著國人健康意識的抬頭，中醫診療逐漸受到民眾的重視與倚賴，中醫講就整體陰陽的調理、治療上採取較無副作用的中草藥材、穴位針灸、按摩等，只要配合醫師正確的辨證論治，中醫在許多疾病的療效上值得肯定。

因為中醫「藥食同源」的傳統，因此在治療上，還會給予病患生活上，尤其是飲食方面的調理建議。在這本針對女性更年期自我保健的專書中，婦科專業的劉桂蘭醫師就在飲食上著墨甚深，除採用中藥的傳統方劑，並設計了不少囊括常見食材的漢方藥膳、建議攝取的營養素及優質食物，協助婦女在生活中做自己的調理師。

更年期間容易引發的肥胖症、心血管疾病、骨質疏鬆症等慢性病，除了因為女性荷爾蒙的驟降之外，長期累積的飲食習慣恐怕也佔據著極大因素！要建立良好的飲食習慣，選擇營養豐富的食物，適時搭配兼具療效的天然中草藥，只要耐住性子，好好調配食物，可以達到擺脫更年期的不適，甚至預防老年以後各項慢性病的效果。

婦女們一生為家庭操勞，甚至現在也有不少婦女走出廚房，在社會各個角落貢獻心力。因此在面臨人生轉折階段的更年期，婦女需要更多的疼惜與照顧、體諒與包容。祝願所有即將或是已經在面臨更年期的婦女與家人，能在本書中找到疼惜自己身心的好方法！

- 前台灣省中醫師公會理事長
- 和平醫院中醫部主任
- 考試院中醫師典試委員
- 台北市立中醫醫院院長

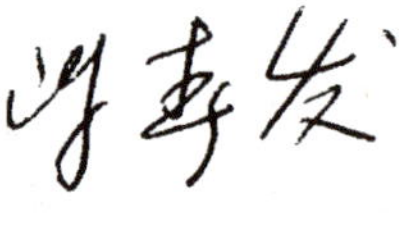

推薦序三

前台北市立婦幼醫院院長／祝春紅醫師

中西醫攜手
為更年期婦女預約健康

經歷過青春期、為人妻、為人母的階段後，更年期是婦女接下來要面臨的一大關鍵時期。除了身體種種莫名的不適外，在更年時期前後，因為血液中少了女性荷爾蒙的保護，使得這時期的婦女罹患心血管疾病、骨質疏鬆症的比例衝高；另外，令人聞之色變的癌症，也常常在此時發病。

這種種的狀況不一定是「更年期」造成的，但是更年期卻是一項鮮明的提醒，提醒妳的生理機能即將步入老年。正因為婦女同胞在此時不免要面臨身心上重大的考驗，因此更年期的醫療，成為西醫與中醫各界研究與努力的重要方向。

目前西醫對更年期婦女的醫療方向，分為女性荷爾蒙的補充，與心理、情緒上的治療與關懷。在藥物使用方面，醫師會先為病人做必要的健康檢查，以進行評估；再依病人的不同條件規劃不同的荷爾蒙處方，給予人體所需的最低劑量，以減少副作用的產生。如果有情緒與心理方面問題，精神科與各種心理輔導機構，是更年期婦女可以求助的管道。

除了荷爾蒙的補充外，醫師也會給予病人飲食、運動上的建議，這種生活中保健預防觀念的建立，中西醫是不謀而合的。即使妳接受的是西醫的荷爾蒙治療，此時若能搭配中醫提倡的養生方式，更是事半功倍。因此，欣見在中醫婦科專業中鑽研許久的劉桂蘭醫師，出了這樣一本詳實的更年期專書，對於廣大渴望活得健康自在的婦女同胞，相信會很有幫助！

- 台大醫院總醫師
- 長庚紀念醫院主治醫師
- 台北市立婦幼醫院主治醫師、主任、副院長、院長
- 台北市立婦幼醫院顧問醫師
- 教育部部定講師

作者序　台北市市立中醫醫院婦科主任／劉桂蘭醫師

樂觀面對，輕鬆度過更年期

臺灣女性平均壽命七十八歲，而停經年齡約五十歲左右，所以女性終其一生，有三分之一時間在停經期度過。據統計，目前臺灣更年期婦女約有二百三十萬人，停經後的婦女，據美國的統計，百分之八十五有更年期症候群現象，且症狀可持續一至二年，其中有四分之一的人症狀嚴重必須就醫，也有人為此所苦長達五年之久。更年期症狀包括心悸、盜汗、潮紅潮熱、憂鬱、焦慮、失眠、體痛等種種不適，嚴重影響生活品質，所以幾乎每個女性朋友聽到更年期到來都搖頭不已。

從自己一路觀察，在進入四十五歲後（現在高齡四十九），體力一年不如一年，雖然自己是個婦科醫師，必定比較懂得如何照料身體，也在更早之前已先替自己做了必要的生活飲食調整、營養補充、藥膳茶飲照料，但是年齡可以騙得了別人，身體狀況真是如人飲水冷暖自知，身體的老化持續緩慢進行中。在此書中提供許多更年期的照護，包括自己身體力行的部分，也有後更年期調理，希望提供女性朋友更多方法珍愛自己！

感謝好友琍玲及杏芬、詠蓁等人幫忙，書才能如期完稿，更感謝張良維老師及陳碧玉老師的大力協助，並親自示範，豐富了書的內容，也讓大家知道更年期障礙除了藥物治療之外，其實還有很多方法可以幫忙改善，但是最好的治療方法只有自己知道。所以每個女人都該認真了解更年期的一切變化，做好準備、樂觀面對，祝福每個女人都能輕鬆度過！

- 台北市立和平醫院中醫部主治醫師、總醫師、住院醫師
- 台北市立婦幼醫院合約醫師
- 台北市中醫醫院婦科主任

目錄 Contents

第四篇 調養篇

更年期症候群

更年期病症

第五篇 附錄

Chapter 1

一、基礎篇

經過少女初潮、戀愛、初為人妻、人母，

女性荷爾蒙一直在女性的生活中扮演重要的角色。

但曾幾何時，

伴隨女性數十年的女性荷爾蒙逐漸消退，

更年期悄悄來臨，

伴隨著身體諸多的不適，

令許多婦女不知所措。

更年期不是病，

而是身體自然的老化階段，

因此認識更年期，

是每個婦女以及家人的必修功課！

Chapter 1

女人一生都會經歷一次更年期

跨入停經期的前奏曲

在中醫裡，女人的生理變化上通常與「7」有關。一般來說，當女性步入42歲時，更年期的症狀會慢慢出現。

每個女性都會經歷更年期，但過去大眾對婦女此時產生的身心症狀往往感到不解，即使去醫院也可能檢查不出所以然來，於是就認為那是無所事事的貴婦所生的富貴病，或是神經衰弱的女性才會出現的身心障礙。

但是當妳越了解更年期，就會知道過去母親、姊妹、甚至是現在或將來的妳自己，身體中發生了什麼事。

停經之前的準備

距今約二千年的東漢時期，著名的中醫經典《內經．素問》〈上古天真論〉曰：「……七七任脈虛，太沖脈衰少，天癸竭，地道不通，故形壞而無子也。」闡述女子停經年齡約在四十九歲，而根據現在台灣的統計，女性停經年齡約在四十五至五十五歲間，平均值為五十歲，自古迄今，婦女停經年齡的改變不大。

民國九十二年，台灣地區婦女總

人口數為一千一百多萬人，停經期婦女約有二百三十多萬人，平均壽命為七十九歲，而且壽命仍在繼續延長中，預估民國九十一年出生的女嬰，未來平均壽命約可達八十四歲。

所以，女性約有三十年的時間，超過三分之一的生命是處於停經期。而更年期，就是銜接女性從有月經到停經之間的過渡期，這段時間，平均會持續二年的時間，持續一年以上都沒有來月經，就等於宣告正式進入停經期。

八成婦女會出現更年期症狀

依據醫學的統計，約有百分之七十到八十的女性在進入更年期時，容易出現不適的症狀。而在那群會出現症狀的人當中，則有三分之一的人會出現比較嚴重、可能需要就醫的情形；其餘三分之二的人，症狀較輕微，只要建立正確心態，調整失衡的生理、心理，即可使更年期症狀獲得明顯的改善。由此可見，多數人的更年期並不至於太難過，因此進入更年期的朋友們，不必過度擔心。

更年期症狀出現的婦女人口比例

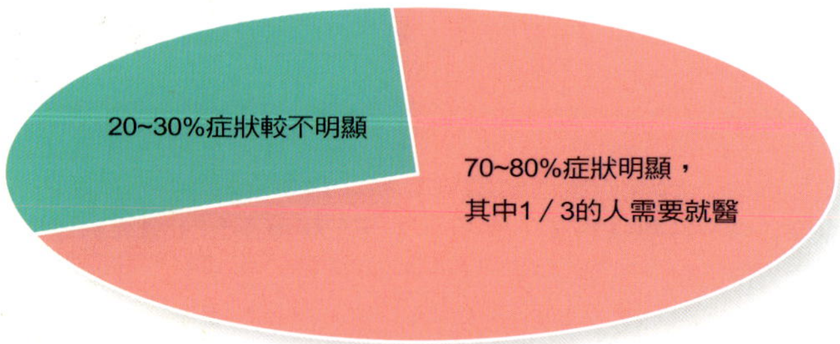

進入更年期的三大階段

更年期的症狀會隨著每個人的體質而不同，所發生的年齡和時間也不相同。比較早停經的人，更年期症狀通常會來得比較突然，身體感到不適的程度也會比較明顯。

若以年齡來觀察，則女人的生理變化在中醫裡通常與「7」有關，而步入更年期（趨於老化），則有以下三階段：

・**7X5=35：**女性的身體器官從三十五歲開始就會進入老化的初期階段，此階段通常不會有特別明顯的不適症狀，因此不易察覺。

・**7X6=42**：從四十二歲開始，身體的器官已經逐漸走下坡，並容易會有不適的症狀出現，例如有些人會出現睡眠開始不平穩、經期來時也容易頭暈、經期紊亂、經量改變⋯等症狀。

・**7X7=49**：約從四十九歲開始，會產生更多、更明顯的更年期症狀，並且也是經期結束的時候。

上述這種階段性的老化過程，是每個人都無法避免的，即使適時補充一些與荷爾蒙相關的補給品，可能在外觀上會有些幫助，卻不可能完全把更年期所流失的物質全部補充回來。所以，不如讓自己建立起正確的心態與觀念，透過醫師的指導與日常的調養，減輕老化所帶來的不適，輕鬆迎接更年期的到來！

中醫典籍中女性的一生

《素問》〈上古天真論〉曰：「女子七歲腎氣盛，齒更髮長；二七而天癸至，任脈通，太衝脈盛，月事以時下，固有子；三七腎氣平均，故真牙生而長極；四七筋骨堅，髮長極，身體盛壯；五七陽明脈衰，面始焦，髮始墮；六七三陽脈衰于上，面皆焦，髮始白；七七任脈虛，太沖脈衰少，天癸竭，地道不通，故形壞而無子也」。由上述內容，可以發現月經的產生是腎氣、天癸、沖任二脈、臟腑、氣血協同作用於子宮，使能夠定期藏瀉。由此來看，婦女一生大體分為四個時期：

1 髮身前期

由出生到十四歲左右，一到七歲猶如芳草初萌，雖生機旺盛，但不耐寒熱，這時期的生理特徵是稚陽稚陰之體，俗稱童男童女，男女生理差異不明顯。七到十四歲時，女孩發育較快，腎氣逐漸旺盛，更換牙齒，皮下脂肪在胸、肩、髖（臀部）及恥骨前區開始聚積，使得這些部位漸現豐滿，骨盆區也變得較寬大，女性特徵開始出現，但尚未完備。

對照現代醫學而言，女子從七歲起內分泌腺開始活動，促進了性的分化及趨向成熟，直到十四歲後，便進入了青春期。

② 青春期

十四到二十一歲，這時期女孩生長較快，由於天癸作用，水穀增進，營養吸收利用增強，血海充盈，任脈通，太沖脈旺盛，月經來潮，女性第二性徵開始出現，顯現「男女有別」的特徵。此期生機蓬勃，恍如陽春，故稱「青春期」，已具備生育的能力，但尚不夠成熟。

③ 生育期

二十一到四十九歲左右。此時腎氣已盛，可以生育，故稱為「生育期」。這時也包括四個階段：

二十一到二十八歲：身體長成完備，月經也較規則，生殖器官及全身均隨月經周期呈現較規律的改變。

二十八到三十五歲：乃是婦女一生的極盛時期，筋骨更加堅硬，氣血最旺盛，精力最充沛的階段，俗稱壯年。由於二十一歲以後「腎氣平均」，二十八歲後身壯體盛，是生兒育女的最佳階段。

三十五到四十二歲：此時是成熟階段結束，也是衰老階段的開始。陽明脈經氣開始衰少，使皮膚失去營養，面部漸露憔悴，皮膚開始有縐紋，頭髮也開始掉落。生殖功能下降，生育力逐漸減弱，生育品質也逐步降低。

更年期：四十二到四十九歲，這是身體由盛轉衰的過渡期，三陽脈（包括少陽、太陽、陽明）的經氣都開始衰微，臉部也因此枯槁，頭髮也轉白，腎氣也開始衰弱，漸漸地，任脈空虛、太沖脈衰少、天癸枯竭，月經停止，婦女也失去生育能力。由生育期邁向絕經期的過渡時期即為「更年期」。

④ 老年期

四十九歲以後，大多數婦女腎氣已衰，天癸竭，月經停止。至六十歲之後，氣衰血少，全身臟腑生理機能低下，進入了老年期。

Chapter 1

變化中的女性荷爾蒙

重新認識更年期

荷爾蒙猶如身體的導演，當進入更年期後，女性荷爾蒙降低，原本習慣有它陪伴的身體便展開了適應的過程。

「更」有「改變」的意思，更年期是人生的自然階段，不是病態，若以疾病的角度來看待更年期，難免會影響到中老年的生活調適。

更年期不是病

更年期（climacteric）是邁入停經期的前奏曲。這段期間由於卵巢的功能衰退，分泌的濾泡數目減少，女性荷爾蒙失調，因此婦女會產生各種身心症狀。

更年期是一個人由成熟逐漸進入老年的階段，一個人只要活得夠長久，都會面臨更年期，而且也不是只有女性才有更年期，男性也一樣有更年期的困擾，時間約比女性晚十年，由於男性沒有月經的變化，荷爾蒙的變化也不像女性更年期症狀那麼多樣，因此，一般人談更年期，大多指的是女性的更年期。

更年期與荷爾蒙的關係

荷爾蒙是身體內器官間傳導訊息的化學物質，由內分泌腺所製造，藉由血液運輸到身體各器官，以維持與控制細胞的化學作用，例如細胞要不要產生乳汁、毛髮、分泌物等。只要三千分之一公克的荷爾蒙就足以發揮作用，可見連顯微鏡也無法偵測的荷爾蒙威力有多強大。

身體裡的內分泌系統，包括腦下垂體、甲狀腺、腎上腺、卵巢等，負責分泌上述控制全身細胞乃至於器官代謝的荷爾蒙。當女性到了三十五歲左右，卵巢達到成熟的巔峰狀態，接下來，功能就將逐漸衰退。四十歲以後，卵巢所負責分泌的女性荷爾蒙減少逐漸明顯，身體各組織機能開始進入因應女性荷爾蒙減少所需要的調整階段，這就是所謂的更年期。一般來

濾泡與月經的關係

女性卵巢內的濾泡數目和月經規則與否有關，濾泡在接近二千個以上時，尚有排卵的機會，所以有規則的月經；低於五百個以下時，就少有排卵的機能，常伴有月經異常；當濾泡沒有時，月經也就停止了。一般而言，初經少女約有二十萬至四十萬個濾泡，多數女性在進入四十歲以後，卵巢開始老化，濾泡的發育不佳，數量也急遽減少，到了五十歲以後，幾乎不再有濾泡，當然也就不再有生育功能，不再有月經。

卵巢濾泡隨年齡增加而遞減

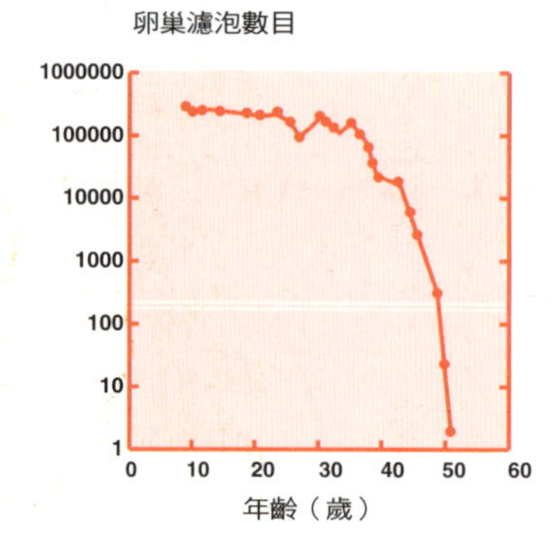

卵巢濾泡與月經周期規則有關

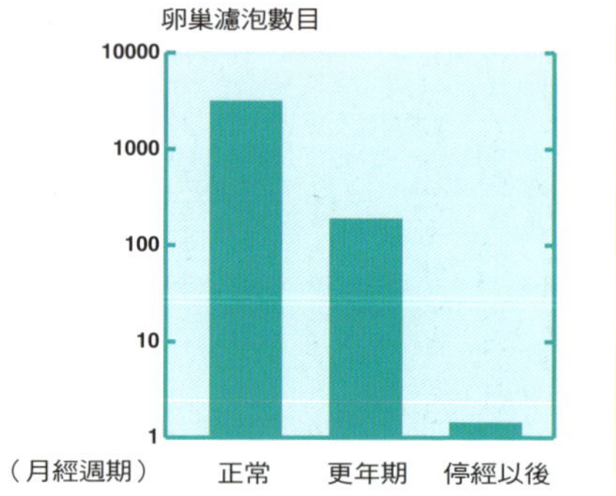

說，身體會逐漸習慣女性荷爾蒙降低的狀態，重新取得平衡。如果當中調整不及，就會產生更年期症狀。

女性荷爾蒙的作用

女性荷爾蒙的主要工作是在控制女性的生育機能與月經，但在身體其他部分，女性荷爾蒙也擔任著重要的平衡角色。

- **性器官**：女性荷爾蒙可促進性器官發育、排卵、準備懷孕、防止陰道萎縮等。
- **皮膚**：防止皮膚乾燥萎縮，促進毛髮發育，抑制皮下脂肪組織產生。
- **血管**：使血液中增加好的膽固醇濃度，減少壞膽固醇。
- **骨骼**：使骨質量增加。
- **泌尿**：使泌尿道維持彈性與健康。
- **腦**：讓腦細胞活躍，維持記憶力。

和女性有關的荷爾蒙

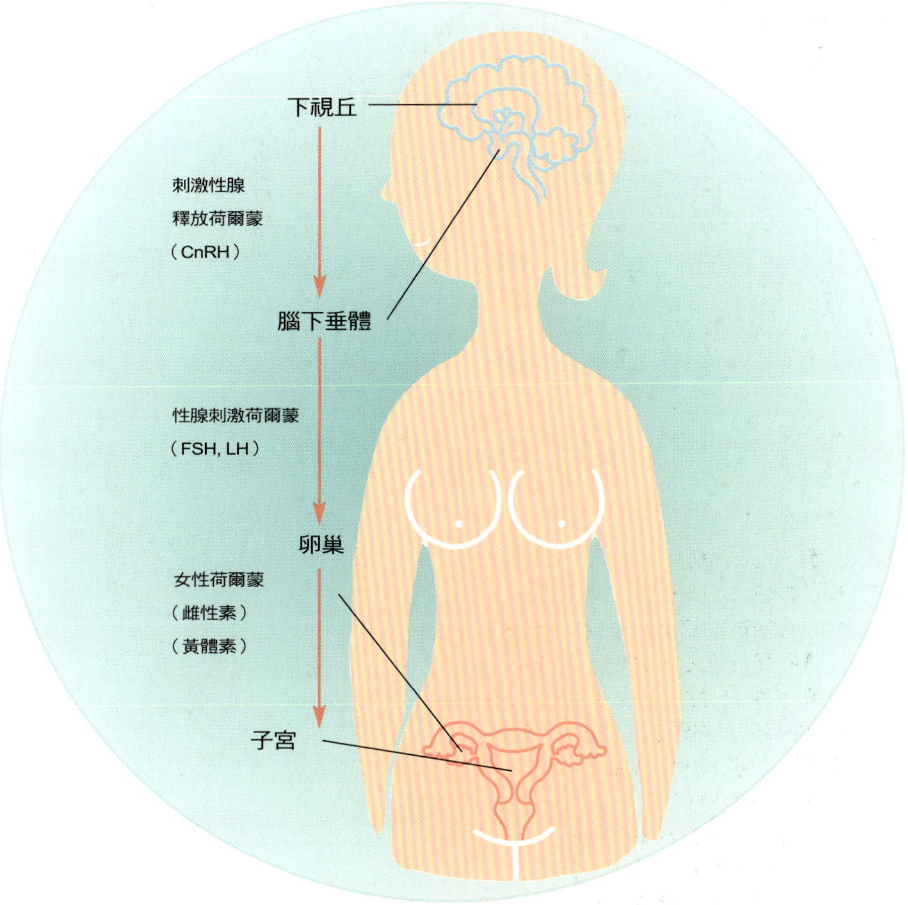

❤ 自律神經失調為何好發於更年期？

自律神經失調幾乎是許多更年期症狀發生的元兇。這是因為自律神經的中樞位於下視丘，當女性荷爾蒙減少時，卵巢濾泡數目也下降，發育不佳，下視丘會得到訊息，而不斷使腦下垂體分泌刺激卵巢濾泡生長的荷爾蒙。這種中樞「震盪」狀態會持續一段時間，使得同在一處的自律神經也發生失調。

・**自律神經**：協助維持腦部下視丘、乃至於自律神經的平衡。

女性荷爾蒙既然具有以上的種種平衡功能，因此當它減少時，自然會引起身體的連鎖反應。

女性荷爾蒙與雄性素

女性荷爾蒙中有二個主要成員，雌性素與黃體素，通常荷爾蒙補充療法也是以補充這二種成分為主：

●雌性素（estrogen）

又稱動情激素，大多是卵巢製造的。最固定的角色就是使子宮內膜增生，也會影響皮膚、血管、骨骼的維護。當更年期雌性素減少時，會影響大腦對體溫的控制，容易產生熱潮紅、盜汗。

雌性素分泌減少，也會導致尿失禁、陰道乾澀、皮膚乾燥老化、產生較多皺紋。也會使骨質流失，導致骨質疏鬆症。停經後婦女罹患心血管疾病比例增加，也和雌性素缺乏有關。

●黃體素（progesterone）

黃體素是由排卵後的濾泡所分泌的，是使子宮內膜充血，讓受精卵著床的要素，還具有平衡其他荷爾蒙、神經系統的重要作用。進入更年期後缺乏黃體素，可能會導致骨骼疏鬆、記憶力減退、身體對脂肪的代謝減緩等症狀。

●雄性素（androgen）

女性體內還有一個很重要的性荷爾蒙，雄性素。

女人體內也有雄性素，在卵巢、腎上腺和其他的身體組織，都會製造雄性素，是不可或缺的配角。雄性素除可在女性青春期刺激生長發育外，也是身體第二個雌性素的來源。進入更年期後，雄性素的分泌只是稍微減少，因減少不若雌性素顯著，所以會導致高齡婦女偶有多毛、女性性徵消失的情況。

❤雌性素失調的主要因素

進入更年期後，女性荷爾蒙的變化以雌性素減少最為明顯。不過，並非所有更年期婦女均有雌性素不足的症狀，也有少部分婦女會產生雌性素分泌過多的症候，諸如：不規則子宮出血、乳房疼痛、腹脹、水腫或子宮肌瘤增加、子宮內膜增生等。

造成雌性素分泌增加有許多原因，例如女性體內的雄性素可以在腦、腎上腺、肝臟、脂肪細胞及肌肉等處產生化學反應，形成雌性素，最主要的部位是脂肪及肌肉，所以肥胖且塊頭大的婦女可能會有雌性素過多的問題。

另外，肝病、甲狀腺功能亢進也可能使身體產生化學反應，而造成雌性素過多的現象。有些卵巢部位的瘤也可能造成雌性素分泌增加，或使雄性素分泌增加，或使子宮內膜增厚。

Chapter 1

我已進入更年期了嗎?

更年期自我判斷法

更年期的來臨雖然是一個漸進的過程，但仍舊有一些可以自覺的症狀，可以及早發現，採取對策。

由於更年期並不是一個具體的「病」，透過儀器檢查及荷爾蒙檢驗並不能確定是否進入更年期，而且先前提到過，四十五至五十五歲的停經年齡，是一個平均值，並非適用於每一個人。

不過更年期常常會伴隨著諸多症狀，醫學上稱做「更年期症候群」，四十歲以後的婦女，可以藉由這些症狀作為自我檢測，是否已經進入了更年期。

更年期前後的症狀分期

除更年期的典型症狀外，有些症狀若是在剛開始停經或停經之前就出現的，通常稱為「前更年期症狀」；有些則在停經以後的一段時間才會出現，就稱為「後更年期病症」，通常是指停經後一年，至整個老年期所發生的症狀。

● 前更年期症狀

又稱為「先發性症狀」，常見的症狀有：月經不規則、經量或多或少、皮膚皺紋出現、頭髮乾燥、易脫落、頭髮發白、眠差多夢、面目浮腫、腰膝痠軟。

● 更年期症狀

熱潮紅、口乾舌燥、心悸、夜間盜汗、記憶力減退、倦怠疲乏、頭暈耳鳴、陰道乾澀、煩躁易怒、乳房縮小鬆弛、情緒低潮、肥胖症⋯⋯等。

● 後更年期病症

若不注重更年期調養，除了皮膚

更年期前後症狀時間表

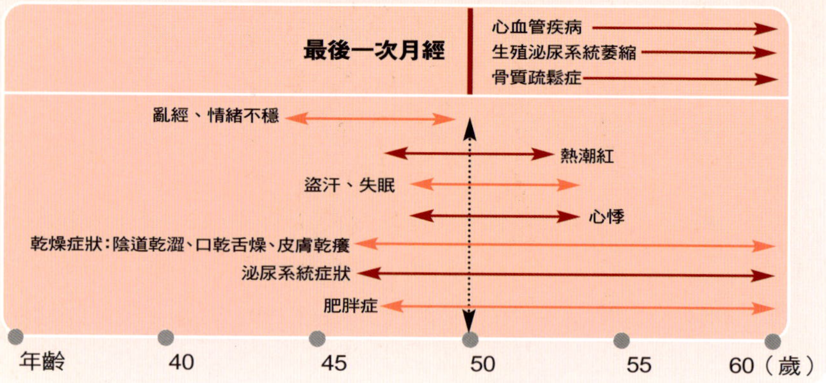

乾燥搔癢、口乾舌燥等症狀會持續之外，至後期可能會產生較嚴重的病症，常見的有：骨質疏鬆症、退化性關節炎、腸胃疾病、生殖泌尿系統疾病、心臟血管系統疾病、子宮脫垂、尿失禁等。

可自我察覺的10大更年期症狀

這些症狀的發生，每個人都有極大差異，有些人可能多樣且嚴重，有些人則可能只出現極少而且輕微的症狀。

❶ 月經紊亂

內分泌的初期變化，在四十歲左右就開始了，月經變得不規則，大多數會經歷這狀況約二至七年的時間。月經紊亂可以分成三種類型：

- 月經間隔變長，行經時間縮短，經血量減少，然後慢慢停經。
- 月經不規則，也有部分的人行經時間拉長，經血量多；也有人淋漓不絕，然後經血量減少，終至停經。
- 無任何先兆，突然停經。

❷ 潮熱、午後顴紅

胸部、頸部及臉部感到有股熱浪上延，而且這些部位的皮膚發紅、伴有出汗的現象。

❸ 盜汗、失眠

發生在凌晨三、四點的熱潮紅現象，導致全身出汗，這會影響睡眠品質，是更年期婦女的典型困擾。

❹ 心悸

許多更年期婦女會抱怨「又沒做什麼運動，竟然感覺到心跳加速，是以前沒有的現象」、「我的心臟快跳出來了」等心悸現象。

5 乾燥現象

皮膚變得乾燥敏感、暗沈，皺紋增加。頭髮變灰或白、乾枯易脫落、眼睛乾澀不適。唾液腺萎縮，因此許多更年期婦女常抱怨：「半夜口乾，嚴重到嘴巴都快張不開的地步。」

6 性交疼痛、漏尿

會有陰道搔癢、灼熱感或白帶增多的問題，此時因陰道入口變狹窄，造成性交疼痛不適。另外，更年期婦女易有上廁所次數增多、來不及上廁所、大笑、咳嗽或打噴嚏時會漏尿的困擾。

7 突如其來的經前症候群

平常月經週期正常且無任何不適的女性，忽然出現經前有頭痛、乳房脹痛、情緒不穩定、易怒、失眠、多夢、腹脹及肢體腫脹等。如果年輕時就有經前症候群的婦女，更年期症狀也會表現得更明顯。

8 頭暈頭痛

多數人的症狀都是發生在清晨剛睡醒的時候，有些人則是一站立時就立刻覺得十分暈眩；有的人在發生頭痛症狀時，會感到有如鍋蓋罩住頭一般的沈重感；症狀更嚴重的人，甚至還會感到噁心和食慾不振。

9 腰酸背痛

這和骨質流失有關，使得婦女骨關節支撐不足，加上腰臀骨頭旁肌肉力量減弱，容易產生腰酸背痛的現象。也常伴有關節疼痛，尤其以膝關節疼痛最為常見。

10 人格情緒的轉變

日常的人格及情緒也會有些許轉變，和以往比較起來，變得較沒耐心、對事情更敏感、易煩躁、多疑、焦慮等。

定期健檢不可少

雖然更年期不見得是造成各種慢性病的原因，但更年期後，許多疾病的發生率大為增加，卻是不爭的事實，因此，若年齡超過40歲，又發生了幾項上述的更年期症狀，就應該到婦產科接受診察，確定症狀是否因更年期而起。

其實過了35歲以後，就應該接受定期健康檢查，尤其是婦科檢查（詳細的檢查項目，請見105頁）。對更年期的各項症狀要保持警覺的態度，如胸口悶、走路喘、心悸等症狀，也許不是源於單純的更年期因素，而是心臟病所引起的，還是要進行相關的就診與檢測，以免錯失治療的時機！

雌性素自我檢測表

- **表格使用法：**1.檢視「症狀」得出「基礎分」。2.依此項症狀的輕重選出「症狀係數」。3.「基礎分」×「症狀係數」=「症狀評分」。4.「症狀評分」總和+妳的「年齡評分」=「總分」(妳的雌性素水平)
- **年齡評分：**25~34歲為0分，35~44歲為1分，44~54歲為2分，55歲以上為3分。

症狀	基礎分	症狀係數 0	症狀係數 1	症狀係數 2	症狀係數 3	症狀評分(基礎分×症狀係數)
皮膚乾、搔癢	1	無	偶爾	經常、能忍受	需治療	
神經感覺異常	2	無	有時	經常有刺痛、麻木、耳鳴	經常且嚴重	
皮膚蟻走感	1	無	有時	經常、能忍受	需治療	
潮紅出汗	4	無	3次以下／天	5次左右／天	10次以上／天	
失眠	2	無	有時	經常	經常且嚴重，需服安眠類藥物	
焦躁	2	無	有時	經常	經常，不能控制	
憂鬱	1	無	有時	經常，能自控	失去生活信心	
頭暈	1	無	有時	經常，不影響生活	影響生活	
疲倦乏力	1	無	有時	經常	日常生活受限	
月經紊亂	2	無	偶爾	三個月以上	六個月以上	
性生活困難	2	無	有時	經常	不能過性生活	
腰背和關節酸痛	2	無	有時	經常，不影響功能	功能障礙嚴重	
記憶力減退	1	無	有時	較重	需服藥	
頭痛	1	無	偶爾	經常，能忍受	需治療	
心悸、血壓波動	1	無	偶爾	經常	需治療	
泌尿系統不適	2	無	偶爾	經常、不影響生活	需治療	
體型	1	正常(BMI=18.5~23.9)	過重(BMI=24~26.9)	肥胖(BMI=27~29.9)	中重度肥胖(BMI>30)	
總分	各項「症狀評分」相加之和+「年齡評分」=					

說明
- 總分在5~15，表示體內雌性素已下降。
- 總分在16~24，表示體內雌性素已很低。
- 總分在25，表示體內雌性素長期處於較低水平。

◎ 身體質量指數(BMI)=體重(kg)／身高平方(m^2)

Chapter 1

更年期一定很難熬嗎？

如何安然度過更年期？

更年期症狀因人而異，輕重有別，能否安然度過更年期，就看妳怎麼去面對它。

◎影響更年期症狀的三大主因

1. 體質

· **陰虛火旺：** 體形瘦小、不愛活動，個性比較內向。這種人容易火氣大，心火躁動，到了更年期又加上腎虛，腎水不足，心火就更旺盛，所以就會煩躁不安，情緒波動較大。

· **氣血虛弱：** 身體功能本來就比較低下，如貧血、大病初癒的人，抗病能力較差，對環境的變遷或身體的變化都較不能適應，因此容易有更年期症候群。

· **肝鬱氣滯：** 完美主義者，精神長期緊繃，心理壓力大，自律神經失衡，到了更年期時症狀會更嚴重，容易躁、煩、情緒不穩定，產生躁鬱症等症狀。

2. 飲食習慣

據歐美的統計，大約八成五的更年期婦女，都會出現一種以上的更年期症狀，在國內發生更年期症狀的比率較低，不到一半，這可能是因東西方體質及生活飲食不同，尤其東方人日常飲食中的大豆製品（豆漿、豆腐、味噌…等）含有大量的植物性荷爾蒙，有助於緩解更年期女性荷爾蒙突降的現象。

3. 壓力、生活習慣

更年期的症狀跟遺傳沒有絕對的關係，但會跟個人的飲食、生活習慣、個性等有較大的關連。臨床上發現，都市婦女比住在鄉下的婦女更容易產生更年期症候群，尤其是社經地位高、事業忙碌的女強人。因為這類

●氣血虛弱

●陰虛火旺

●肝鬱氣滯

❤我是更年期嚴重症候的高危險群嗎？

身心自我評量表

- ☐ 1.我希望把事情做到盡善盡美，有一點不完美就很在意。
- ☐ 2.我常常失眠、嘴破。
- ☐ 3.常常覺得頭痛、肩頸僵硬。
- ☐ 4.常常覺得事情做不完、時間不夠用，而且會因此感到焦慮。
- ☐ 5.有不高興的事情喜歡悶在心裡，生悶氣。
- ☐ 6.我喜歡待在家裡，不喜歡出門，尤其是做戶外運動。
- ☐ 7.我的臉色蒼白，指甲、眼眶泛白，常常感覺很疲倦。
- ☐ 8.記憶力不佳，不論睡多久還是精神恍惚。
- ☐ 9.怕冷，冬天就手腳冰冷，常常感冒。
- ☐ 10.我不喜歡參加社交活動，也沒有可以談心的朋友。
- ☐ 11.我討厭聽到「老」這個字，覺得「老化」是很久以後的事。
- ☐ 12.我的體重一直有過重的傾向，而且喜歡吃肉，不愛吃蔬果。
- ☐ 13.我是以用腦為主的上班族，而且沒有時間規律運動。
- ☐ 14.對別人的看法很在意，容易患得患失。
- ☐ 15.工作無法放心交給別人，孩子也不放心交給別人代為照顧。

●評量法：每題2分，若總分超過10分，即為更年期嚴重症候高危險群。

女性知識水準高，往往用腦過度，人到中年依舊緊張忙碌地衝刺事業，無法放慢腳步，因此到了更年期就容易產生更嚴重的症狀。而鄉下婦女可能因為生活步調較緩，常常沒察覺到更年期的來臨，甚至不知道什麼是「更年期」，反而能安然度過。

◎如何安然度過更年期?

更年期處於人生的中年到老年時期，中老年生活的變化，並不僅僅只是荷爾蒙失調而已，生活中種種的失落也可能接踵而來。

由於女性先天特質較屬人際關係取向，進入空巢期後，親子關係改變，配偶關係也面臨重整，不論是長期持家的家庭主婦、或是內外兼顧的女強人，在此刻或多或少都會面臨不同程度的失落感。即使是無婚姻牽絆的獨立女性，此刻也易有青春不再，需要獨自面對晚年的失落感產生。

既然更年期症狀與上述的環境變化、飲食、生活習慣、性格有極大關連，代表我們可從這些項目開始著手調整。這就是生活中的預防保健工作，讓身心抗壓力增強，延緩老化，如此，將有利身體更順暢地適應女性荷爾蒙降低的趨勢。

總之要建立一個觀念，更年期不是病，而是身體自然而然的老化過程。因此，增進對更年期的認識，將有助於我們迎接人生另一個新階段的來臨。

◎更年期婦女都要接受治療嗎？

約有七、八成婦女會在更年期出現症狀，但是所出現的症狀中，多半不太嚴重，症狀嚴重程度和個人的體質、心理及環境因素有相關。如果不影響工作及生活者，不需治療；如果個人認為對生活或對情緒造成困擾，就應該就醫，但這並不是以症狀嚴重程度與否為判斷，而是以個人的感受為主。

那麼去醫院就診時，應該掛哪一科呢？因更年期屬婦科也是內分泌問題，所以第一選擇應先找婦產科或內分泌科看診，這可鑑別出症狀是因進入更年期所引起，或是因其他疾病所導致。其次，若出現精神症狀，則要找精神科。第三，可看家醫科，家醫科好似家庭醫師，會給病患一些看診建議。中醫的部分，在有分科的醫院可找中醫婦科，若在沒分科的中醫醫療院所，看一般中醫科即可。

現在台灣多數醫院也很體貼婦女，設有更年期門診、婦女特別門診、更年期婦女骨質疏鬆特診、月經異常門診、婦女疾病整合門診、婦女身心醫學及經前症候群門診，提供更親善的服務與更完整的諮詢與衛生教育。婦女若有相關問題，這些都是不錯的選擇。

❤更年期症狀，東西大不同！

從出現的症狀來看，東西方婦女亦有不同，美國的統計，85%的更年期婦女出現熱潮紅、盜汗，症狀可持續一至二年，其中也有25%的婦女為熱潮紅所苦達五年之久，其他症狀包括心悸、盜汗、憂鬱、焦慮、失眠、腰酸背痛等種種不適。台灣某醫學中心的門診統計，台灣婦女以出現腰酸背痛的症狀最多，佔了78%；頭暈、心情焦慮、心悸、陰道乾燥有59%；盜汗、熱潮紅佔54%，睡眠不佳有50%、頻尿佔48%。

因更年期症狀求診的比例，台灣地區目前只有20%，與美國約有38%求診的比例有差距，這也許是因為婦女發生的症狀較少、較不嚴重，但也可能是對更年期症狀不夠重視，或不曉得可以尋求醫療的諮詢與協助。

Chapter 2

二、漢方治療篇

中醫認為，

更年期之所以發生症狀，

「腎虛」是主因，

「陰陽平衡失調」是表現。

因此治療上是以方劑、飲食、運動等

全方位的調養，

來改善陰陽缺乏或陰陽失衡的種種病徵，

較西醫以補充荷爾蒙為主的療法，

更安全也更根本。

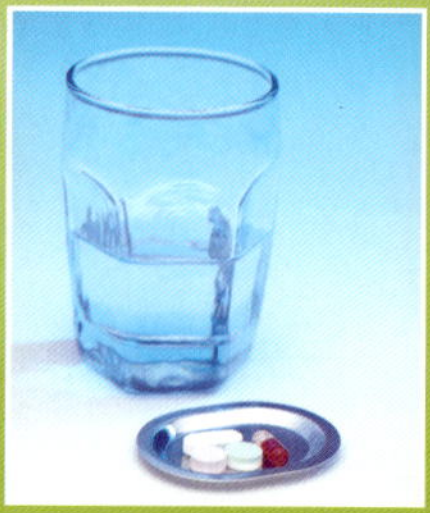

中醫如何診療更年期

望聞問切、辯證論治

中醫治療更年期症狀並不是補充荷爾蒙，而是透過辨證的方式來調理身體。這樣的治療沒有副作用，安全性更高。

中醫治療更年期症狀也有不錯的效果，因西醫治療更年期就是直接補充荷爾蒙，補充期間身體內存有荷爾蒙作用，可以使更年期症狀暫時不出現，但補充了一段時間之後，不論是五年或十年，一旦停止補充，症狀可能又會再出現，在臨床上也常看見許多六、七十歲的婦女來看診時，更年期症狀嚴重，而詢問之後，往往發現她們之前都曾服用荷爾蒙，現在停藥了，荷爾蒙不平衡的問題又捲土重來，所以每個人一生一定要經歷一次更年期，應該要歡喜接納。

中醫的治療原則

中醫治療更年期症狀並不是補充荷爾蒙，而是透過辨證的方式來進行身體的調理。「證」是經由望、聞、問、切等四診綜合後，分析而得的證型，中醫針對「證」來做改善，改善陰陽缺乏或陰陽失衡的種種病徵，不同於西醫是針對荷爾蒙缺乏來改善。

中醫以陰陽五行為基礎，肝、心、脾、肺、腎為五臟，對應五行——木、火、土、金、水，相生相剋，互相牽制也互相扶持，其中有一種臟器出現問題時，其他臟腑亦受到影響，中醫會調整這些陰陽失衡的現象，使之互相平衡，互相牽制。以調理陰陽平衡的方式來治療更年期症狀，不會產生副作用，且不必擔心會併發其他合併症，安全性更好。

調理陰陽，延緩老化

婦女進入更年期時，女性荷爾蒙分泌驟降，身體產生諸多不適，中醫從調理肝、心、腎著手，讓荷爾蒙減少的速度可以緩步進行，讓身體逐步適應，將不適感降到最低。

由療效來看，中醫對於更年期症狀的消除，也很立竿見影，並不亞於西醫的療法。至於是否可以讓體內女性荷爾蒙維持或是提升，以目前的治療效果而言，有少數人可以提升，但多數的人依舊是維持緩降的狀況。

由台北市立中醫院所做的小規模觀察，發現有些個案服藥之後，荷爾蒙會有變化，有些原本要上升的黃體激素，服藥後有下降的現象，個案的內分泌在更年期前會有零亂的現象，一直到停經後內分泌又回歸於穩定，所以若要以中醫療法來調理更年期，要在更年期來臨之前就開始，而不是等到進入更年期後才做荷爾蒙補充。

在調理的時序上，三十歲以後可以先吃藥膳，接近四十二歲時，再視身體實際發生的症狀，進行調理。

有些人會有早發性停經的現象，所以女性若發現月經有時提早有時延後、不太隱定，或是情緒不穩，睡覺時會被熱醒，而且頻率愈來愈高，在沒有其他特殊情況下，睡眠愈來愈不好，容易半夜醒來，或是入睡困難，這時候表示已開始有陰陽失衡的現象，應該要進行調理，好讓身體重獲平衡。

陽證與陰證的不同？

「陽」是熱、樂觀、開朗的，「陰」是虛、寒、涼、沉靜的。

「陰」不足必見腰膝酸軟、耳鳴、烘熱汗出、潮紅、顴紅等症狀。「陽」不足時會出現生理功能低下的症狀，所以陽虛者必見腰膝酸冷、肢冷畏寒、小便量多而顏色偏淡或透明、大便稀溏等症狀。

Chapter 2

解讀更年期症候

更年期的六大證型

因為「腎虛」，所以導致更年期一連串陰陽失調的症候。中醫大致歸納了這六大證型，以利治療。

更年期雖然是五十歲前後才在臨床上明顯表現的一個過渡期，但一些有關的身體潛在改變，或者說臟器儲備力、適應力或實際細胞數量和質的改變卻在中年時期就已開始，根據統計，三十五歲起，骨量逐漸減少、生育力下降，肺活量減低，因此保健工作應從此時開始。

而中醫認為，更年期之所以發生症狀，「腎虛」是主因，「陰陽平衡失調」是表現。由於腎為五臟六腑的根本，是內臟的元陰元陽，腎如果陰陽失調，常會累及其他臟腑，尤其以心、肝、脾為主要相關。

所以，更年期綜合症的發生，與腎、心、肝及衝任二脈有關。腎藏精、心藏神、肝藏血、衝任二脈主生殖機能。婦女停經前後，腎氣漸衰，衝任脈虛，生殖機能逐漸減退終至喪失，同時，五臟六腑的功能也漸衰退，腎精虧損、肝血虛少、心神失養，終於產生一系列陰陽失衡症狀，中醫便由此歸納了六個主要證型。

❤ 中醫的「腎」是指什麼？

腎，五臟之一，位於腰部，脊柱兩側，左右各一，與現代醫學所說的腎（Kidney）解剖上是同一個，但是生理功能與病理變化，不等同於現代醫學。中醫名詞如「腎虛」、「腎虧 」，不是西醫所稱的腎衰竭，而是指腎氣虛、腎精虧損。在中醫裡腎的主要生理功能為：

1.藏精、主骨，主生長發育與生殖。

2.主水，可調節全身代謝。

3.主納氣，可攝納肺吸入的清氣，保持身體內外之氣體交換。

① 腎陰虛

腎陰不足，易使肝陽偏亢，心火偏旺，所以陰虛的人常覺得煩熱。

常見症狀

口乾舌燥、五心煩熱（手、足心熱，心亦會很煩很熱），兩顴發紅是主要症狀，有時會合併頭暈、耳鳴、眼花，腰膝痠軟、形體消瘦，還會併有血燥、血枯的症狀。

脈象為細細的，跳得很快速的細數脈。觀看舌頭，可見舌質紅赤、少苔或有一塊一塊的斑駁苔。

治療原則

以滋陰養血為治療原則。因為陰虛，所以要滋陰，因為有血虛、血燥或血枯的問題，所以要養血。

注意事項

養血方子使用也要小心，例如當歸，補血太過會上火，使用太久易造成心火上炎，所以養血時要記得加滋陰的藥。較常用的處方為左歸丸和知柏地黃丸。

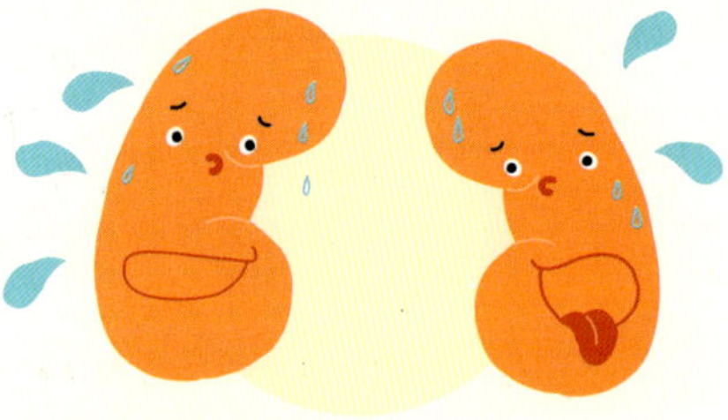

② 腎陽虛

因為月經將竭，腎氣衰敗，命火不足，溫煦不足，而出現虛寒的現象。

常見症狀

畏寒怕冷、背脊寒涼是主要症狀，還會合併倦怠乏力、面目、足部浮腫，小便量多、色淡，夜間頻尿。脈象呈現弱脈或沉細脈，舌質看起來淡淡的，有時淡白或淡紅，絕對不會出現紅質的顏色，舌苔薄白。

治療原則

給予溫腎扶陽的藥物，因為陽虛，所以使用溫陽方式調理，處方以溫熱藥及補益藥為主，可用右歸丸加減。

注意事項

雖然這證型較少出現，不過使用溫補藥易上火，出現頭面紅熱、口渴、口熱症狀，所以使用溫陽藥要加滋陰藥，以維持陰陽平衡。

3 心肝火旺

心屬火，肝屬木，心肝失養，陰虛陽亢，心肝火旺所致。

常見症狀

轟熱汗出、心煩易怒為主要症候，常伴有口苦咽乾、胸悶心悸、失眠。

治療原則

因為水虧，而導致火旺，所以治療原則有三，一為瀉火，二為滋陰清火，三為壯水制火。此時用兩地湯，可壯水以抑制火旺。

注意事項

導致此證的原因仍是腎陰虛，瀉火恐怕會讓陰更虛，因此釜底抽薪之計是以壯水來制火。

4 脾腎陽虛

由於身體一向脾腎虛弱，至更年期腎氣衰退，累及於脾，便導致脾弱不振。

常見症狀

經亂、量多色淡、氣短懶言、畏寒怕冷（腰背尤其明顯），常伴有倦怠、面龐蒼白而無光、大便溏薄、小便清長。

治療原則

因為容易腹瀉，所以要使用溫補腎陽藥加上健脾藥，可用右歸丸加理中湯加減，可加白朮、茯苓等健脾去濕藥，及麥芽、神曲等幫助消化藥。

注意事項

由於有脾虛症狀，補陽藥不易吸收，所以要加健脾藥，少用滋膩藥，像熟地或淫羊藿均不適合。

❺ 肝腎陰虛

由於腎陰虧耗，心腎水火失濟，肝木失水涵養所致。

●常見症狀

頭暈耳鳴、轟熱汗出為主要症候，常伴有心煩急躁、腰酸乏力、大便乾燥等症狀。

●治療原則

此證病患，易上火，肝陽上亢，所以治則以滋陰、柔肝、養血、疏肝為原則，常用加味消遙散和六味地黃丸，或是加味消遙散及知柏地黃丸一起服用，一貫煎也是常用的滋養肝腎藥方。

●注意事項

由於易燥熱，所以此類證型病患不適合使用桂枝、肉桂、麻黃等藥。 此類溫陽藥會傷陰更重，在生活上也要避免熬夜，或進食辛辣食物。

❻ 心腎不交

更年期腎氣漸衰，腎水虧乏，不能相濟於心，心血不足，腦海空虛，心神無法內守所致。

●常見症狀

心悸怔忡、夜寐多夢、喜怒哭笑無常是特點，常伴有心慌心悸、多疑多慮、轟然汗出。

●治療原則

由臨床上看來，心腎不交的患者不少，雖有腎虛之象但直接調補的情況較少，可用些讓心腎可以互相平衡的藥，以滋陰降火、交通心腎為主要原則，可用處方為六味地黃丸加減，或天王補心丹，或黃蓮阿膠湯。

●注意事項

由於病患常睡不好，所以治療以心腎交通為主，主要工作是心腎連繫，不是補養，可用遠志、酸棗仁，少用補陽、補陰藥，易引起躁煩及失眠的藥物也要避免。

漢方醫學的經典處方

10大治療更年期常用方劑

這裡列出調理更年期症狀常用方劑，不過都要在合格中醫師的診療後使用，千萬別只根據自身出現的症狀就去抓藥服食。

1 加味逍遙散

這是治療更年期症狀最常用的方子。

藥材：當歸、白朮、白芍、柴胡、茯苓、炙甘草、牡丹皮、山梔子、煨薑、薄荷。

功效：疏肝解鬱，清熱涼血。

主治：所具有的舒肝解鬱功能，對於更年期間因情緒問題造成的心情起伏、胸悶、憂鬱、頭暈有不錯療效。

實際上，患者服用加味消遙散時，也常發現煩躁脾氣有改善。從字面上來看，當初定這個方名，就有讓人樂逍遙的意思吧。又因本藥是舒肝健脾用藥，也可以來治療由肝影響到脾所導致的腸胃不適症狀。本方主要治療更年期情緒變化、起伏不定、潮熱、目澀、口乾、心悸、心神不寧、失眠、自汗、盜汗等症。

注意事項：因此方用於舒肝解鬱、清熱涼血，所以有血瘀及血寒的人不可使用。

2 六味地黃類

六味地黃類佔排行榜第二名，包括六味地黃丸、知柏地黃丸、桂附八味丸、左歸丸及右歸丸等。

藥材：

- **六味地黃丸：**熟地黃、山茱萸、山藥、澤瀉、牡丹皮、茯苓。
- **知柏地黃丸：**六味地黃丸＋知母、黃柏。
- **桂附地黃丸（八味地黃丸）：**六味地黃丸＋炮附子、肉桂。
- **左歸丸：**熟地、菟絲子、山茱萸、山藥、龜板膠、鹿角膠、牛膝、枸杞。

・右歸丸：熟地、菟絲子、山茱萸、肉桂、山藥、附子、杜仲、鹿角膠、枸杞、當歸。

功效：滋陰補腎。

主治：主要是補肝腎，中醫認為更年期因腎虛、腎水不足，所以要補腎水。腎水不足，造成肝火上升、心火上炎，產生心悸、失眠、易怒等，所以要用補腎的方法，使其恢復平衡。

很多人在更年期會有腎虛水枯的乾燥現象，包括皮膚乾、口乾、眼睛乾、陰道乾等，六味地黃丸是滋陰補腎的經典名方。知柏地黃丸治療陰虛火旺之證，左歸丸則是補陰之中加入益陽之劑使陰陽相互平衡，桂附八味丸則善補腎陽，右歸丸有溫腎填精之效。

注意事項：脾虛食少、消化不良、拉肚子者忌用。感冒、頭痛、高熱，或忽冷忽熱者，不宜；暑熱溼重者宜少用。

3 天王補心丹

藥材：石菖蒲、柏子仁、人參、遠志、生地、酸棗仁、茯神、天冬、丹參、玄參、麥冬、當歸、五味子、桔梗。

功效：滋陰潤燥，寧心安神，化痰涎、袪煩熱。

主治：約有三分之一的婦女，在更年

期之前即有睡眠困擾的問題，到了更年期之後症狀又更嚴重，且合併心悸、心慌、或記憶力變差，有時又會心神不寧，天王補心丹是主治心腎不足所引發之虛火內擾、心悸失眠的藥方，對於健忘、注意力不集中具有療效，具有補心安神、滋陰養血作用，對於虛火上炎造成口舌生瘡，或腸中燥熱、津液減少、大便困難的人，也會使用這樣的方劑。

注意事項：此方因滋膩藥較多，脾胃虛弱、食慾不振、痰濕體質者不宜。

4 甘麥大棗湯

藥材：甘草、大棗、浮小麥。

功效：養心安神，和中緩急，亦補脾氣。

主治：主要治療中醫所稱的臟躁症，類似西醫所稱的歇斯底里症，突然間心情很亢奮，一下子心情又低落，一下想笑一下子又想哭，心神不寧多幻覺、躁動，或情緒起伏、精神恍惚。

注意事項：屬臟躁症及心陰不足用藥，若為肝陽上亢、肝鬱化熱所造成的煩熱，則不適合使用本方。

5 益氣聰明湯

藥材：黃耆、甘草、人參、升麻、葛根、蔓荊子、白芍、黃柏。

功效：益氣升陽，散風清熱。

主治：治療更年期常見的頭暈、耳鳴、眼睛昏花等症狀。有調查發現，更年期症狀在國外以潮紅、潮熱為主，台灣則以頭暈、腰酸背痛較多。不過臨床上也發現很多潮紅潮熱的患者夾雜頭暈頭痛現象，對於這類患者以及耳鳴、眼睛退化明顯的人，適合用益氣聰明湯。

注意事項：陰虛陽亢者慎用，忌油膩生冷。

6 歸脾湯

藥材：人參、龍眼肉、黃耆、甘草、白朮、茯苓、木香、當歸、酸棗仁、遠志、生薑、大棗。

功效：補益心脾，健脾寧心，益氣補血。

主治：心脾兩虛、氣血不足、月經不調、心悸健忘、食欲不振、倦怠失

眠、面色萎黃，但夜間潮熱盜汗，或見便血、崩漏、月經淋漓不止，屬心脾兩虛，適合用歸脾湯益氣補血、健脾寧心、心脾同治、氣血兼顧、使心得所養，血統於脾。

注意事項：不適合用於肝鬱氣滯、肝火上升或肝陽上亢、發燒的人。

7 秦艽鱉甲散

藥材：鱉甲、秦艽、知母、當歸、柴胡、地骨皮、烏梅、青蒿。

功效：清熱除蒸，滋陰養血。

主治：原本用於因受風寒長久不癒而造成的低熱。本方對骨蒸潮熱（患者形容從骨子裡熱出來）效果佳。更年期時夜間盜汗、日間多汗、肌肉消瘦、唇紅頰赤、口乾舌燥、覺得背脊發熱、兩顴發燙、四肢困倦的人，適合使用秦艽鱉甲散消除虛熱內擾之徵，本方也用於原因不明、長期反覆發作的低熱屬陰虛者。

注意事項：為虛熱方，所以實熱症不適用，例如因外感造成的熱症發燒，不應使用本方。

8 補中益氣湯

藥材：黃耆、人參、白朮、炙甘草、當歸、陳皮、升麻、柴胡、生薑、大棗。

功效：補中益氣，調補脾胃、升陽舉陷。

主治：中醫認為中氣下陷和肌肉、韌帶失去彈性有關，元氣不足會造成子宮脫垂、內臟下垂，所以使用補中益氣的湯劑來加以改善或預防。所有中氣不足的人都可以使用，用於更年期時常覺得很累、胃口不好、食欲不振的患者。補中益氣湯並可改善急慢性

疲勞、及體能降低（病後、術後、產後）或調理遲緩性體質，還可減緩抗癌藥或放療藥的副作用。

注意事項：對於口乾舌燥、陰虛火旺及病後津氣兩傷者，不宜使用。

9 酸棗仁湯

藥材：酸棗仁、知母、茯苓、川芎、甘草。

功效：養血安神，清熱除煩。

主治：肝血不足虛熱內擾，常見頭暈

目眩、咽乾口燥、盜汗心悸、眠差多夢、操勞過度難以入眠者，可以助睡眠。虛火擾亂、心神鬱鬱不得安寧者，可以寧心安神。臨床上也常用於自律神經失調、高血壓、精神官能症等，呈現肝血虛或心肝火旺者。

注意事項：對於虛勞太過、勞傷心脾及虛熱太過所引發的虛勞不得眠，可以用此方治療，但其他的失眠並不適用本方，所以若有因外感傷寒，餘熱未盡導致的心神受擾，不適合使用本方。

10 越鞠丸

藥材：香附、川芎、山梔子、蒼朮、神曲。

功效：行氣解鬱。

主治：治氣、血、痰、火、食、濕六鬱之證。實際上為肝脾鬱結且以氣鬱為主，本方著重行氣解鬱，中醫上常說男子以腎為主，女子以肝為先，而肝所主即為情志，固女子有較多的情緒問題是可理解的。婦女到更年期時更易情緒失調、失眠，這些均和「肝鬱」有關，「鬱」也使得更年期初期經量時多時少，經期忽前忽後。另外，有些人在更年期前有乳房脹痛現象，也是因為「肝鬱」導致乳房周邊循環不良所致，所以此方對更年期綜合症狀，有改善作用。

注意事項：陰虛火旺、陽虛血寒者忌用。

爭議中的更年期療法

該不該補充荷爾蒙？

很多更年期婦女都會問：「我需要補充荷爾蒙嗎？」荷爾蒙補充治療是當今最常見的西醫治療法，但是也引發不少爭議。

西方醫療專家認為婦女體內荷爾蒙降低，是造成更年期諸多不適症狀的原因，以荷爾蒙「缺乏」或「不足」的角度來看待更年期，因此逐步發展出荷爾蒙補充療法。

什麼是荷爾蒙補充療法？

所謂荷爾蒙療法（HRT，Hormonal Replacement Therapy)，就是補充自然停經或兩側卵巢切除後，所缺乏的女性荷爾蒙，包含雌性素與黃體素。

目前荷爾蒙補充方法，在臨床上大致可分為三種方法：

- **週期性順序型的荷爾蒙療法：**先服用十四天的雌性素，依序於週期後段再添加十二～十四天的黃體素。
- **連續性合併型的荷爾蒙療法：**每天連續使用雌性素合併黃體素。
- **只補充雌性素的荷爾蒙療法：**只適用於子宮已經切除的婦女，目前的主要補充途逕為口服、軟膏塗抹或皮膚貼片。

人體荷爾蒙構造與變化既精微又複雜，更年期婦女補充女性荷爾蒙，無法完全彷同人體的生理變化，僅能補充不足或缺乏的部分，以改善更年期症狀。

可採荷爾蒙補充療法的對象

健康而無任何嚴重症狀的停經婦女，基本上不必施行荷爾蒙補充療法。而是否要補充荷爾蒙，應由醫師評估，依個人體質、身體狀態及需求個別做考量。一般而言，荷爾蒙療法的適合對象有：

1. 停經期症狀嚴重，影響正常生活的人。
2. 骨質疏鬆的人。
3. 罹患冠狀動脈性心臟病機率較大的人。
4. 泌尿、生殖道萎縮。
5. 有神經、精神症狀的人。
6. 雖未達停經年齡，但已有更年期症狀，也可開始使用荷爾蒙補充治療。

荷爾蒙補充療法的是與非

No!

荷爾蒙補充療法的副作用令許多人卻步，常見的有：

1.乳房脹痛、壓痛。
2.會產生人工月經。
3.體重增加。
4.心情抑鬱。
5.可能增加乳癌的罹患率。
6.增加心臟病、中風、肺部血栓的風險。
7.造成聽力損傷、腦力下降。

Yes!

贊成者認為荷爾蒙補充療法有以下功效：

1.降低黃斑性視網膜退化發生率，並且改善眼睛乾澀症狀。
2.防止骨質疏鬆，增加股骨密度5.5%、脊骨密度10.6%，並且可以降低骨折危險性達50%至60%。
3.減少子宮內膜癌。
4.減少卵巢癌。
5.預防陰道乾澀、萎縮，可以減少性生活障礙。
6.預防尿道萎縮、尿失禁及尿道感染。
7.減緩皮膚老化。
8.降低罹患阿滋海默症(俗稱老年癡呆)的危險性。
9.減少心血管疾病。
10.減少大腸癌罹患率。

荷爾蒙補充療法的禁忌

❶ 絕對禁忌

- **懷孕。**
- **不明原因陰道出血，懷疑有惡性腫瘤的人。**
- **肝臟疾患：**台灣是B型及C型肝炎的盛行區，對於活動性肝病變患者，口服雌性素會增加肝臟工作量，嚴重肝腎疾患應禁用，待治療好且肝功能正常後才可服用。即使改用局部塗抹方式給藥，也必須在開始進行荷爾蒙療法三個月後，檢驗肝功能。
- **與雌性素有關的腫瘤：**如乳癌、子宮內膜癌、黑色素癌患者也應禁用。
- **血栓、靜脈炎或血管栓塞的患者。**
- **有神經性眼睛血管疾病患者。**

❷ 其他禁忌

- **有高血壓、腦中風、家族性高脂血症的人。**
- **有乳房纖維囊腫疾病。**
- **有子宮肌瘤、子宮內膜異位或增生。**
- **有偏頭痛疾病的人。**
- **有慢性靜脈炎的人。**
- **有膽囊疾病的人。**

荷爾蒙補充療法的爭議

在醫學對女性更年期所產生的身心變化尚未瞭解時，女性的老年性佝僂、情緒變化、以及生殖泌尿道乾澀、容易骨折等現象，被視為是理所當然的正常老化過程，後來發現這些退化，乃因女性荷爾蒙不足所導致，因而發展出雌性素荷爾蒙補充療法，改善了諸多婦女更年期的症狀。

但好景不常，經過了十年之後，統計又發現雌性素補充與子宮內膜癌的發生呈正相關。這讓專家們確認補充黃體素維持子宮內膜穩定的必要性，此後二、三十年，荷爾蒙治療的配方持續發展。

到了二○○二年，「婦女健康計劃」（WHI）進行的雌性素與黃體素綜合荷爾蒙治療計劃研究的結果（見下頁），讓使用荷爾蒙治療更年期症

狀的婦女，又挨了一記悶棍。因為在以荷爾蒙治療的五年期間，不僅無法預防心血管疾病，反而促使罹病率增加，並且使得乳癌機率增加了百分之二十六，中風機率增加百分之四十一，肺栓塞增加百分之五十。

雖然有諸多專家認為該計劃使用的藥物Prempro，無法代表所有的HRT（荷爾蒙療法）治療，也有專家認為本次研究對象的年齡太大，應選擇更年期初期的婦女才是，但眾多專家對於更年期使用荷爾蒙治療的態度也趨於保守。

針對這篇報告，專家提供了一些解說與建議：

- 更年期婦女，不可期待用荷爾蒙補充療法來減低心臟血管疾病、預防骨質疏鬆症、性交疼痛等，這些疾病都可以生活習慣的轉變等替代方案來預防，應盡量採納。

震驚世界的WHI研究

本研究是由美國國家衛生院，心臟、肺及血液研究所的羅索(J.Rossouw)博士主持，對象是美國16608名50至79歲的停經婦女，這些志願婦女都是健康、未切除子宮者。

全部志願者隨機分為兩組，一組給予服用美國惠氏藥廠的Prempro（內含雌性素與黃體素）；另一組給予安慰劑，整個研究在全美40個醫療中心以雙盲方式進行（是指治療者及志願者本身均不知道患者是屬於那一組）。此原為8年的研究計劃，研究目的主要為評估荷爾蒙補充療法是否有預防心臟血管疾病的效果，但在進行到第5.2年時，因統計出嚴重結論而緊急喊停。

研究數據如下表：

所得的數據是換算成10,000人／1年來做比較

	第一組 (服Prempro)	第二組 (服安慰劑)	第一組與第二組 相對比較值	第一組與第二組之 人數差異（每萬人）
罹患心臟病	37人	30人	增加29%	多7人
腦中風	29人	21人	增加41%	多8人
乳癌	38人	30人	增加26%	多8人
肺栓塞	16人	8人	增加50%	多8人
髖骨或 脊椎骨折	10人	15人	降低24%	少5人
大腸癌	10人	16人	降低37%	少6人

- 使用藥物第三年後乳癌增加率明顯地增加，使用藥物一年後發現心臟病罹病率增加，因此，HRT應只用於改善停經症候群，使用期間以不超過五年為原則，症狀一消失，應即刻減量或停藥。
- 醫師面對需要接受HRT的婦女時，必須更謹慎地評估，選擇最適當的劑型、劑量、及給藥途逕，並於必要時停藥。醫師對來尋求治療的停經婦女應有所判斷，注意腦中風、心血管疾病及乳癌的高危險群，排除這些高危險因子後，再選擇適當的雌性素及劑量給予治療。較佳的使用方式，應是維持低劑量，時間短的原則。更要對接受HRT的婦女們，詳實地說明及告知其可能的危險，同時也要為她們介紹一些可行的替代療法。

有些個案服用荷爾蒙治療，但又擔心副作用，所以會個別在西醫醫師及中醫醫師處看診，她們也許二、三天服用一次低劑量荷爾蒙，有些症狀尋求中醫治療。雖然病患各別在西醫及中醫處接受診察治療，但使用此方式的前提，是必須先告知主治醫師，讓西醫醫師及中醫醫師均了解病患的治療情況及服藥情形，切勿私下服藥，也不可自行調整。

Chapter 3

三、預防篇

中醫著名的醫典《內經・素問》中提出，
女性自35歲以後，
生理將進入老化的初期階段。
此時生殖功能下降，體內臟器、
肌膚、體態的老化現象加速。
雖然還沒有進入更年期，
但卻是保健養生的關鍵階段。
如果及早在心態、運動、飲食上善加調養，
不但接下來的更年期可以過得順暢，
即使到老年，
依然可以活出健康與美麗！

Chapter 3

過了35歲以後，必須知道的事

更年期症狀預防祕訣

35歲以後，生理機能開始走下坡，此時開始進行預防工作，可以讓妳的更年期過得更順利！

人無法阻止老化，但卻可以延緩老化的速度；同理，我們無法拒絕更年期的來臨，但卻可以預防更年期的嚴重症狀與續發病症，不過前提是，一定要做心態上、生活上的修正。

突如其來的更年期

預防的工作要趁早，否則，身體的症狀可能在驟然間就發生，令人措手不及。雖然統計上說，台灣女性的停經時間多在四十五至五十五歲之間來臨，但是臨床上也有不少例外。

在我多年的門診經驗中有一個例子，一位國中的劉老師，她做事非常有條理，自我要求很高，有完美主義的傾向，結果不到四十歲的時候就停經了，而且因為是突然間就停經，以至於更年期症狀非常嚴重。

她的症狀為虛弱無力，甚至需要人攙扶就診，夜間失眠、精神亢奮，吃不下，體重直線下降，也曾經去醫院打營養針，但也只能勉強維持二天的體力。

為了治療最讓她困擾的失眠，因此我建議她從緩和的體操、與呼吸吐納開始練習，然後再給她用一些可舒肝解鬱、放鬆、針對臟燥症的中藥來調理，經過一年後，她已能過正常規律的生活。

劉老師的更年期之所以會較一般人早，從她的性格中可窺知一二：講話速度很快，而且門診時一直要跟護士確認何時才會輪到她，因要把握時間趕快去辦一些事再回來看診，要求自己一定要很有效率地度過每一天。

後來我告訴她步調要學習放慢些，否則神經會一直在緊繃的狀態中，易引發自律神經失調。她也很配

合，慢慢修正自己，到後來已能坐在外面候診，不會再急著問護士輪到她了沒有，更年期症狀當然也就改善不少了！

坦然接受老化是預防的第一步

有不少四十多歲的病患在被告知她已經步入老化的階段，會露出不可置信的表情：「我老化？那七八十歲的人怎麼辦？」

老化是一個漫長的過程，它往往在緩慢中進行，等妳發覺時，老化已經進行了好一段時間了。以骨刺為例，它是一種關節退化的象徵，醫學上統計，五十歲的人有百分之七十的比例長骨刺，到了七十歲，更高達百分之九十。因此，五十歲的人是否已經老化很多了呢？不只關節，全身的機能都在歲月的進程中逐漸老化。

現代人因為較少曬太陽，又很懂得使用外在的保養品使自己看起來年輕一些，但是這些都阻止不了老化的事實，身體機能、反應速度都在在告訴妳，身體真正的年齡是在哪裡，我們唯一能做的是讓身體老化的速度減緩，以及在老化的過程中，不要帶來太大的不適與困擾，對生活不要形成太大的障礙，這顯示了預防工作的重要性。

有效的預防讓老化遲緩

人體的適應力也跟環境的變遷有關係，處於急遽改變的環境，身體往往出現不適，就像原來住在熱帶、副熱帶的人突然前往冬季中的溫帶、寒帶，會出現水土不服的現象，或是有突發性的中風、心血管疾病症狀。

因此人人都需要轉折期，讓我們身體的狀況是由緩坡這樣慢慢下去，身體可以適應，但如果是從高峰突然落下，就會出現強烈的症狀。

所以在三十五歲以後，就要調整自己的生活步伐、訓練自己的生理機能，延緩老化的過程，更年期時就不會適應得太困難。

體質決定妳的更年期生活品質

有不少病人喜歡事先詢問醫師：「等我到了更年期，症狀會不會很嚴重？」其實這個問題也可以自我判斷，因為更年期症狀是否會很嚴重，從一個人的性格與體質中，就可以看得出來。

容易產生嚴重更年期不適症狀的有三種體質：肝鬱氣滯、陰虛火旺、氣血虛弱型。其中肝鬱氣滯型體質的人，在現代工商業社會中特別多，尤其在女性身上更明顯。這是因為女性本來就是以情感為主的，加上現在上班族習慣久坐，而久坐、久臥都會傷氣。氣虛、氣鬱就會傷害脾，思慮過度會造成氣結跟氣鬱的狀況。再加上心中放不下很多事，也不相信自己已經走入老化的階段，因此可能會導致更年期的症狀很嚴重。

也許有人會覺得體質是先天的遺傳，有可能改善嗎？

答案是可以的，雖然體質形成的第一個要素是先天遺傳，但後天因素也有很大的關連。我們可改變自己的飲食習慣、生活習慣、環境（居住環境、職場、與家人朋友的關係），那些因素一變動，也可能影響到性格、情緒、看待事物的方式，原本屬於高危險群的體質就改變了。

具有以上三種體質的人，應該在還沒更年期時就做修正。而調整心情、生活態度，培養運動習慣，是調整體質的二大重要途徑。

改善體質的第一步

調整心境迎接更年期

35歲以後，已經不是衝刺事業的年紀了，而是守成的時候。要將健康擺第一，事業擺第二。

很多人到了更年期時，無法接受自己身體的變化，如記憶力衰退、反應變差等現象，不能接受人是有極限的，是無法保持在巔峰狀態一輩子的。我們應該事先就調整自己的生活步伐，以符合變化中的生理狀態。

學習放慢腳步

我們聽電話時，很容易猜出對方的年齡，這是因為年輕人氣旺，聲調會比較快速，可是到了一定年紀之後，聲音與語調會慢慢放慢下來，因為氣已經不像年輕時這麼旺盛了。

女性過了三十五歲之後，要慢慢將生活的步調調慢，其實這個時候很多婦女同胞也會發現，自己的反應變慢，不像年輕時反應那麼迅速。

因此，在這個時候，如果還是讓自己的生活步調很快，壓力很大、很緊張，會讓我們的自律神經失調，就更無法適應更年期的身體狀態。

健康第一，事業第二

就事業上來說，三十五歲以後已經不是衝刺的年紀了，而是守成的時候。

很多人一聽，可能會覺得三十五歲是人生的黃金時期，應該是衝刺的階段，怎會開始「守成」了呢？但是很多疾病的成因就是人們與大自然對抗的後果，所以更年期的症狀會對這麼多人帶來困擾。

這時候身體已經越過了高峰，事業也可能衝刺到了高峰，我們現在只要維持它就很不錯了。人一旦邁向中年，應該要逐漸將心態調整成健康擺第一，事業擺第二。

樂觀的態度是保健之道

悲觀鬱悶容易使人消沉、免疫力變弱，因此，常保心情愉快對保健工作也很有效。

個性內向或生活圈較狹窄的婦女，可多利用閒暇，約三、五好友小聚一下，適時找人傾訴悶悶不樂的心情，時常宣洩不快的情緒，避免日久積鬱。也可多多聆聽別人的故事，分享彼此人生中的經驗，轉移注意力，就不易陷入自憐自艾的牛角尖中。

或者可多參與信賴的成長團體活動，讓團體中快樂溫馨的氣氛，紓解緊張的情緒、遠離低潮。

總之以樂觀的態度迎接更年期的到來，是有效預防更年期症狀發生的不二法門。

調整體質的第二步

更年期前，動一動

人是動物，所以一定要動，透過「動」讓氣血循環順暢，把一些潛在的壓力釋放出來，才能身心平衡。

現在憂鬱症、躁鬱症的人越來越多，而且多發生在高社經階層的人身上，這是因為這類人往往動靜失衡，總是坐著辦公。在門診裡做過調查，百分之七十到八十的女性沒有規律運動的習慣，因為常常坐著，久而久之就造成氣鬱的後果。

女性要學習建立運動習慣，適度放鬆，平時應多到戶外運動，可以讓身心更開朗，尤其要避免長期過度用腦、動靜不平衡的生活型態。用腦過度的人容易火氣上升，造成肝鬱氣滯型的體質，誘發嚴重的更年期症狀。

運動可增加身體含氧量

很多有規律性運動習慣的人，皮膚較為緊實、活力較佳，而且運動可以增加體內的含氧量，讓身體的反應能力增加。

隨著年紀越來越大，體內的含氧量會減少，細胞凋零的速度加快，因此這時候一定要透過運動，讓體內的氧量維持在高峰狀態，減緩體內細胞、神經凋零的速度，讓老化成為一個緩步下降的過程。

我們不一定要花很多錢去練特別的功法，簡單的國民健康操就有拉伸的作用，對於肌肉、骨骼、韌帶，都有伸縮的功效。另外，中國的武術裡有所謂的氣功操、八段錦，都不錯，而且這類的運動還有調節呼吸的作用，譬如深呼吸、腹式呼吸，結合肢體動作，會讓身體內的氧量增加得更明顯，比單純的肢體健康操，效果更明顯。

運動習慣的養成要趁早

到了老年，都是為了健康而運

動，而不是像年輕人一樣，為了興趣而運動。因此運動習慣的養成不要等老年，老年的時候能做的運動已經很有限了，大部分都是偏靜態、不那麼活潑的，一般人其實很難在老年時養成運動的習慣。

女性有一個重要功課，就是一定要培養運動的習慣。在臨床上我們也發現只要把運動帶入生活中，大約持續二個月之後，許多進入更年期的女性不用依靠藥物，就可以減輕百分之三十的不適症狀。

也有不少案例顯示，癌症病人在開始做規律的運動，如打太極拳、氣功等而改善，或是有子宮內膜異位症的病人，在做了瑜伽之後而變好的。當然，也許這些案例大部分都不是在最惡性的時期，運動完之後，當全身的氣血循環正常，很多症狀就自然改善了。

為何用腦過度的人容易火氣大？

就現代醫學來說，用腦過度就是讓交感神經一直處於興奮狀態，腎上腺素一直在分泌、亢奮，到了晚上也無法平靜下來、放鬆，這樣會導致體內的一些毒素、廢物無法代謝正常，毒素存留在體內，就會出現嘴破、口乾、小便赤黃、便祕等的症狀，久而久之，累積的毒素會妨礙身體的正常功能。

總之女性最好能將偏於靜態的生活習慣改過來。當然女士們不必像男性那樣活潑外向，動個不停，而是修正為有靜有動的「中性」生活形式。

運動的原則

就醫學的立場，並不會強調非要練哪種操才有幫助，我們認為「只要動就有用」，因此最大原則就是要動，而且是規律地、持之以恆的動。

運動要漸進式

從來不運動的人開始做運動，一定要從時間短、輕微的運動開始，例如快步走，四百公尺長度的操場走一圈，休息個五分鐘左右再走，走個五圈左右即可。回家以後泡泡熱水澡，按摩一下腳部，讓沉積在腿部肌肉裡的乳酸消退。只要這樣持續運動一個禮拜，以後就不會再有乳酸沉積的發生。

從一個禮拜運動二、三次，到天天運動，慢慢增加運動的強度。

運動後要放鬆

運動完一定要放鬆，充分休息，做局部的柔軟操，如動動腳，按摩一下腿部，這樣肌肉就不會結成硬塊。

運動到最後慢慢減少強度，充分呼吸，完全伸展，放鬆四肢，不要忘了換氣，以至於變得上氣不接下氣！回家再加上泡熱水澡，就是一趟很健康、完整的運動流程。

懶人運動 1

健身床操

人剛睡醒的時候，身體仍處於惺忪、疲軟的狀態。這時可以花個幾十分鐘做一些輕負荷的床上健身運動，有助於活血通絡、清志提神、提高呼吸功能，有鍛鍊肌肉、運轉身體關節、脊椎的作用。

▼Step

1 閉目靜臥20~30秒。仰臥，伸臂舉腿，左右翻滾身體1到2分鐘。

2 身體俯臥，將手撐在床上，臀部慢慢抬起，屈起腿、膝，吸氣，如貓聳起背。再將腿打直，呼氣，重複8到10次。

3

保持俯撐的姿勢，胸、腹部向上拱起，腳指踮在床上，用力蹬起，如拱橋一般，深吸一口氣，再伸直，呼氣，重複8到10次。

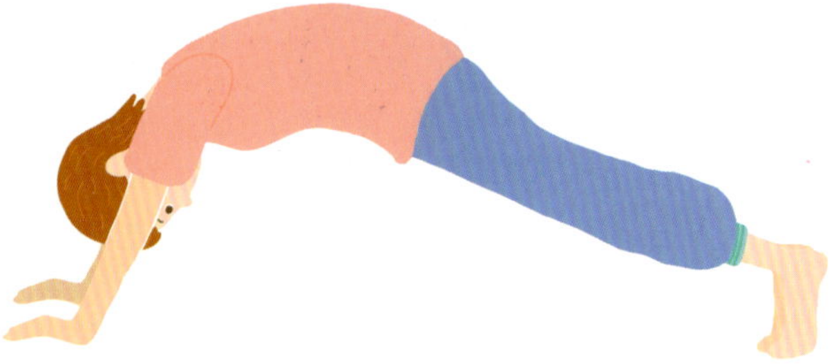

4

上臂、肩乃至於上半身抬起，腳、小腿乃至於整個下肢向後抬起，腹部緊貼在床上，呈現「飛燕」的樣子，吸氣。再放鬆下來，呼氣，重複8到10次。

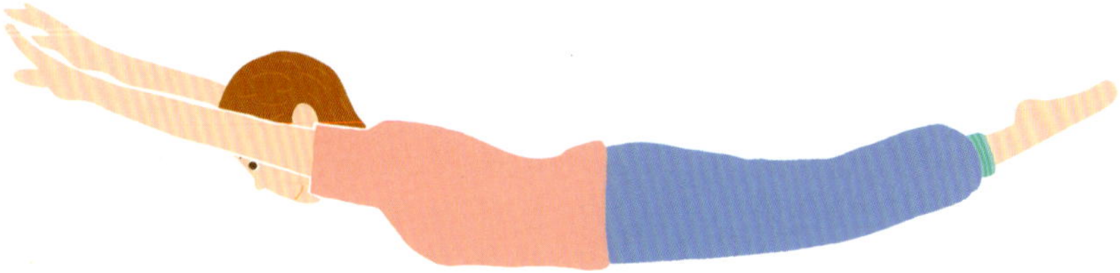

5

身體保持向右側臥，左側手腳向前伸、往外擴展、向後伸，重複8到10次，然後換左側臥再做一次。

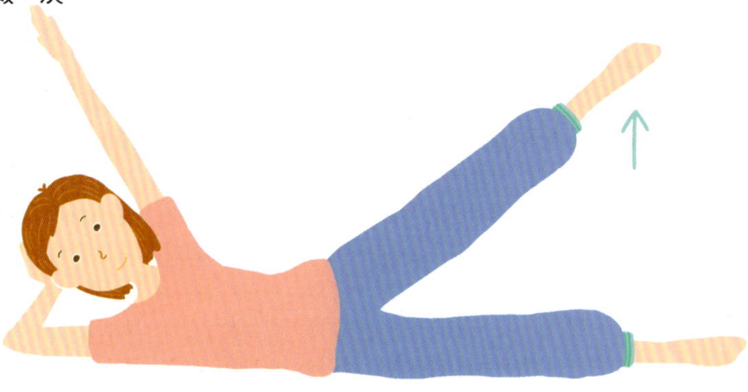

6 平臥，將雙腳腳掌貼緊床面，屈膝，摩擦床面收起雙腿。

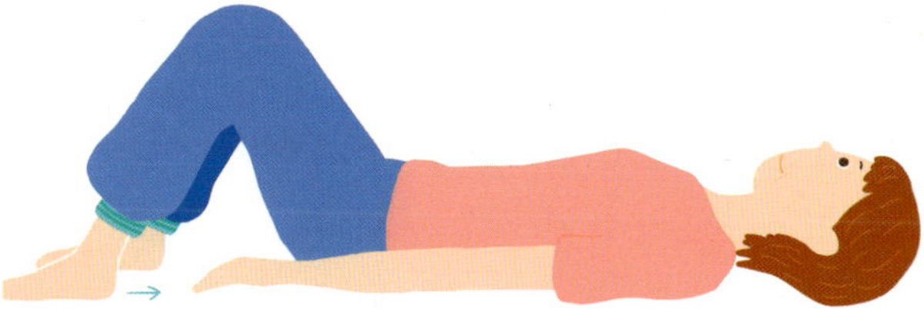

7 再伸直膝蓋，抬腿，抬腿同時也將頭部抬起，雙眼平視雙足，吸氣，放鬆，呼氣，重複8到10次。

8 坐在床上，向左右兩邊慢慢轉動頸部，重複8到10次。

9 將雙掌搓熱，覆在臉上，靜心，將氣導入下腹。

懶人運動 2

倒走健身

這個方法是德國醫學專家首先倡導的，因為倒著走是一種反序運動，能刺激平常往前走時不常活動的肌肉，促進血液循環，提高身體的平衡能力。又因為倒著走是人體一種不自然的行動方式，將迫使人在練習時必須集中注意力、訓練神經的自律性。對於憂鬱、焦慮等情緒問題，及心血管、腸胃等疾病都有改善的可能。

小叮嚀

倒走適合在晨間的時候練習，而且是選在植物濃密的公園中，有助於補充身體的氧氣。注意不要選在馬路或巷道、人行道上倒走，即使是訓練有素的人也要留意倒走時的安全。

▼Step

1 初學者可以將雙手按在腰部兩側，拇指在後，其餘四指在前（或相反）。保持身體平衡，慢慢小心地倒走。

2 較熟練的人除了向後倒走，還可以配上擺臂甩手的運動，倒走的時候注意保持整體的協調、平衡。

3 訓練有素的人，還可以曲肘握拳，進行快速倒走。

Chapter 3

瑜伽讓妳常保青春

放鬆心情，改善容易罹病的體質

古老的瑜伽運動是一種藉由意識，調整呼吸，以某些身體姿勢平衡身體，以提高身體自癒能力的訓練。

研究發現，瑜伽可以改善更年期婦女的不適症狀。美國曾有醫師採用瑜伽的前彎動作，按摩神經內分泌腺軸，來改善更年期婦女因荷爾蒙失調所造成的情緒不穩和失眠，實驗證明是有效的。

一些瑜伽動作可以按摩神經內分泌腺軸，對預防更年期失調症狀特別有幫助，常保青春的瑜伽老師，就是最好的見證。

瑜伽可以調整體質

練習瑜伽體位法可按摩全身腺體，如甲狀腺、腎上腺等，而腺體又控制著荷爾蒙分泌。荷爾蒙影響著我們的情緒、身體機能、能量變化，因此瑜伽體位法對各種更年期症狀會有預防與緩解的效果。

練習瑜伽也能作用於我們的神經系統，讓交感神經與副交感神經平衡。這樣內臟就不會產生亢奮與不及的狀況，例如心跳太快或太慢，消化液分泌得太多或太少，臟腑的功能正常，身體自然健康。

藉由調整呼吸、按摩腺體，正確

的練習瑜伽會把人帶入較深層放鬆的境界，而且瑜伽的梵文「yoga」，意思是融合，也就是人與大自然的合而為一。

所謂正確的練習瑜伽就是以不勉強、輕鬆自在的方式、持之以恆地練習，並由此體會原始瑜伽的深意。如此將會讓緊張、壓力大的婦女改變緊湊的生活方式，自然放慢生活步調，改善容易罹病的體質。

最適合練瑜伽的時間

瑜伽是全天都可以做的運動，早上起床洗過澡以後（最好是冷水澡），刷牙後、吃早餐以前，花個十到六十分鐘做瑜伽體位法。最後再加上靜坐、冥想十分鐘，一整天都會有精神！

中午只要時間允許，也可以練瑜伽。不過要注意的是不要在飯後做，飯後二小時內都不適宜練瑜伽。

傍晚、睡前也是練瑜伽的好時機。洗過澡，在晚餐前或晚餐後二小時練瑜伽。做完體位法之後，靜坐冥想，睡前再加上個大休息式，可以幫助妳睡個香甜的覺。

練習瑜伽的注意事項

1. 練瑜伽就像做一般運動一樣，都要先暖身，從簡單到困難，漸進式地進行。
2. 練完之後做一點按摩，最好以靜坐冥想為結束。
3. 做瑜伽體位時也要注意「陰陽」（如蛇式伸展任脈，大拜式伸展督脈，前者為陽性體位，後者為陰性體位）、以及還原動作（大拜式是蛇式的還原動作）的平衡，沒有做還原式，會容易腰酸背痛。
4. 高難度的動作一定要在合格老師的指導下進行，以免受傷。

瑜伽老師很青春

擔任本書瑜伽動作示範的陳碧玉老師，白天還是一位銀行上班族。她總是告訴她的學生說：「我都能做到，你們一定行！」她原本身體相當不好，有偏頭痛、鼻子過敏、子宮下垂的問題，而且身體僵硬，在初練瑜伽的時候吃了不少苦頭，是靠著一股決心與毅力支撐下來。直到現在，她已經練了20多年的瑜伽，50歲的她依舊身材窈窕曼妙，還沒有更年期的症狀。

辦公室瑜伽

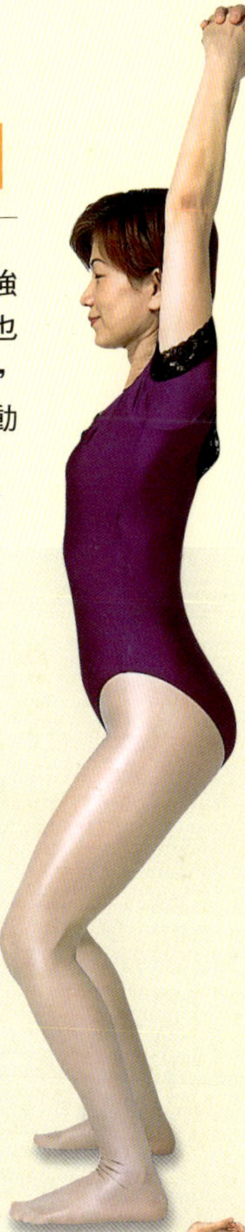

可自然矯正脊椎，美化體態，增強肌力。這個姿勢坐辦公桌的時候也可以做！再加上一緊一縮的方式，可以按摩肛門、會陰等處，可運動骨盆、治療痔瘡。

小叮嚀

坐著可練習1、2步驟，此時還要加上「鬆緊」：讓2的動作維持個3、5秒，然後尾椎往後，放鬆腹部、肛門，3、5秒之後，再重複緊縮動作。

▼Step

1 兩腳打開與肩同寬，注意兩腳平行，不要外八。

2 肚臍往內縮（縮小腹），尾椎往前頂，脊椎伸直，肩膀放鬆，下巴微縮。

3 雙手十指交叉，手心朝上，慢慢吸氣，將雙手往上提，提到頭頂。

4 放鬆腰、臀、大腿、膝蓋、小腿，胯往後退，臀往後坐，尾椎往後翹。

5 手持續上舉，肚臍、尾椎縮，吐氣。盡量不要使用肩膀的力量，讓胸中的氣放鬆、往下落，肩往下落。

6 搖動腰臀，兩膝輪流彎曲，輪流提起腳跟，身體自然向左右擺動，雙手持續往上伸展，能撐多久就撐多久。

7 放鬆的時候從腰部慢慢放鬆，手放下，肩胛骨、肩關節動一動。

簡易椅式

人的老化從下盤開始，這個姿勢可以鍛鍊下盤的穩固，也可以強健腎臟。

小叮嚀

初學者練習時可以後背靠牆，或手扶欄杆。

▼Step

1 雙腳平行，不內外八，雙手臂往前伸，與地面平行。

2 胯往後坐，如同坐椅子的形式，上半身不要前傾或後仰，身體盡量往下蹲，重心在腳底湧泉穴（見141頁），身體自然放鬆，肩膀放鬆。

3 眼睛注視前方定點，幫助集中與平衡，維持30秒，重複做6次。

蛇式

沒時間多做瑜伽的話，可只做蛇式＋大拜式，這二式互為陽陰，順序不可顛倒。

本式可以伸展脊椎、壓縮腹腔，刺激內分泌系統，對消化、生殖、泌尿系統也有幫助，可以預防或緩解更年期症狀。

小叮嚀

1. 雙掌放在肩膀旁邊，手肘內夾，不要太緊或太開。
2. 上半身往上仰時，盡量用腰力，初學者可以用手力，輔助彎曲上半身。

▼Step

1 俯臥，兩手置於兩肩旁。

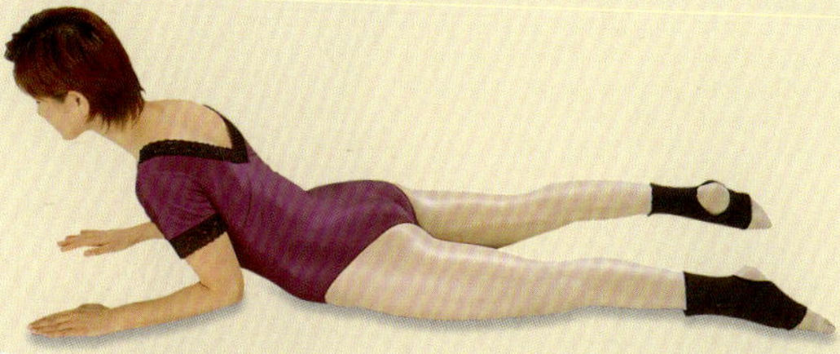

2 吸氣時以手掌及手臂支撐部份體重，上半身往上撐起。

3 胸部前挺，頭往上仰，眼睛朝天花板看。保持這個姿勢，停留8秒，注意肚臍以下不可離地。

4 4.緩緩吐氣，回復原狀。本式請重複8次。

大拜式

可以強化性腺功能，預防女性生理期不適，減少腹部的脂肪堆積。

小叮嚀

1.往前彎時，若不能一次讓額頭貼地，可先讓手觸地，在手的帶領下，身體繼續放鬆往前滑，直到額頭貼到地。

2.重心落在臀部、腳跟上。此式要用的是丹田力，初學者可將注意力放在下盤。起身時不要靠臀部、下腹部、下腰部的力量，頭與身體後縮後，手再離地。

▼Step

1 跪坐，墊腳尖，臀部坐在腳跟上。

2 吸氣，雙手上舉，伸直並且合掌，雙手盡量貼緊耳朵。

3 額頭與鼻尖盡量碰觸地面，臀部仍坐在腳跟上，將氣完全吐盡。保持這個姿勢，停留8秒。

4 吸氣起身，身體坐直後吐氣，雙手由兩側放下，本式請重複8次。

駱駝式

駱駝式＋頭碰膝式也是大忙人的好選擇，先做駱駝式後做頭碰膝式，順序不可顛倒。本式可調節神經系統傳導，調節脂肪代謝，預防心血管疾病的發生。

小叮嚀

1.此式後彎的弧度較大，初學者或是後彎度不佳的人，可用雙手撐住腰部，往後彎屈，不用配合呼吸，先讓手放鬆，放在臀部的旁邊的地面，腕關節在肩關節下方（此時身體是傾斜著，而不是呈拱狀），然後手掌再慢慢依自己的能力往腳掌方向移動，並且試著使小腹及骨盤往前挺。

2.初學者可先以一手掌貼腳掌，再練習以二手掌。

▼Step

1 金鋼坐，膝蓋張開，兩腿平行。腳踝、腳背放鬆，貼地。

2 吸氣，上身往後，由腰、胸、頸一節一節地往後彎，雙手掌盡量貼腳掌。

3 下巴往上抬，注意力集中在下巴，頭自然後仰，一面收緊臀部，一面將腹部向前挺，盡量使大腿與地面呈垂直角度。

4 吐氣，下巴放鬆，從頸、胸、腰慢慢還原，回復原來的金鋼坐，本式共做4次。

頭碰膝式

可以增加消化腺分泌、腸胃道蠕動，幫助消化器官吸收營養、促進體內代謝，使免疫功能提升，改善體質。

小叮嚀

1.往前彎時，伸直的腿不要彎曲，並且要放鬆。

2.前彎時，脊椎由腰椎、胸椎至頸椎放鬆延伸、盡量接近小腿處，手肘亦可碰地。

3.初學者若手碰不到腳，可用毛巾幫忙。

▼Step

1 坐下，右腳背放在左胯上，左腳持續往前伸。

2 吸氣，雙手往上舉，然後緩緩吐氣，彎腰，雙手緊握伸直的腳底，前額觸膝，接觸時將氣完全吐盡。維持這個姿勢閉氣8秒，然後吸氣，鬆手（或手往上舉），身體坐正。

3 再以左腳跟壓住右胯，步驟如上。左右兩邊都完成算一回，共做6次。

小叮嚀

1. 雙手、雙膝都著地時，盡量將手腕垂直落於肩關節下，膝蓋垂直落在胯下。
2. 初學者在步驟5時不用強拉下顎、只要伸長背脊，盡力即可。

頂峰式

可以強化兩腿、腳踝、腳跟腱，加強肌肉及體力鍛鍊，以改善骨質疏鬆症及肥胖症。

▼Step

1 金鋼坐，不過臀部要坐在腳跟上。脊椎挺直，縮下顎，百會上頂。

2 雙手放在地上，抬高臀部，兩手兩膝著地跪下，下巴上揚。

3 吸氣，伸直兩腿，臀部上頂，墊起腳尖，雙臂與背部朝呈一直線挺進。

4 腳跟落地，此時身體像一個三角形，正常呼吸，以這個姿勢持續30秒。

5 吸氣，拉開下顎，腰背持續下壓。

呼吸功法

基本的瑜伽吐納——深呼吸，可紓解情緒、放鬆，對細胞病變、尿失禁、膀胱炎、痔瘡也有改善的功效。

小叮嚀

1.瑜伽手印為雙手十指交叉，左右手食指與拇指伸出，其他手指相扣。虎口張開，食指尖碰觸食指尖，拇指尖碰觸拇指尖，大拇指部分放在肚臍，張開成「菱形」，此菱形放在丹田位置。

2.本呼吸法可視個人需求，重複數次到數十次，初學者可減少閉氣的時間。

▼Step

1 坐在地上，兩腿向前伸展，彎曲右腿，腳跟頂在會陰處，彎曲左腿，形成盤坐，左腳跟在右腳踝前側，兩者盡量保持平行。

2 手肘往內，肩往下沉，肩頸放鬆，將瑜伽手印置於丹田。

3 用力吐氣，張嘴發出「恰」聲，把體內廢氣盡力吐出，收縮腹部。

4 舌頂上顎，閉口，用歡喜心吸氣。吸氣以意念導引，先讓橫隔膜下壓，腹部脹大，腹部吸氣，再到胸部、喉嚨、額頭、頭頂百會。

5 脊椎往前頂，讓氣從百會下壓到會陰，提肛閉氣，停留5秒。再重複3、4、5步驟。

6 吐氣時，發出簡短的「恰」聲，放鬆胸腔發出「嗯」聲，轉動肩胛放鬆全身，舒服地發出「啊」聲。

Chapter 3

氣機導引預防更年期不適

有效改善衰退的精神體力

氣機導引是擷取自中國古老的身體智慧，對於更年期常見的不適及好發病症，可提供對症下藥的調理與預防效果。

很多婦女年輕的時候就沒有運動習慣，更年期以後，身體不動不行，卻不知從何開始。以下是從氣機導引系列功法中抽出的功法，年輕時可作為固本培元的鍛鍊功法，即使身體已經出現問題，在精神體力都明顯衰退的情況下，還是可以藉由身體動作慢慢進行自我調養，以恢復元氣。

什麼是氣機導引？

「氣機」是人體氣化機理的簡稱，也是推動宇宙生生不息、循環不已的能量總稱。「導引」則結合了導氣（呼吸方法）與引體（肢體鍛鍊），幫助人體的氣機，如氣血、臟腑、經絡、神經系統等循環順暢，以提高生命品質。

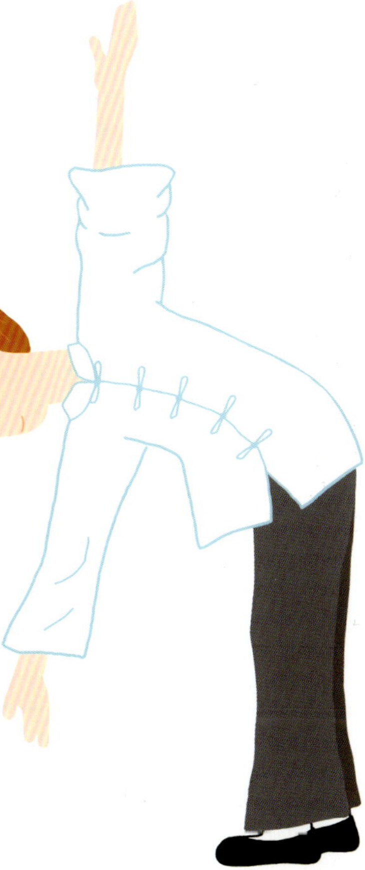

氣機導引是張良維老師搜羅自中國數千年來在呼吸、動作、意識鍛鍊上的養生智慧結晶，針對現代人的需要，編創十八式功法。每一個功法都針對特定的經絡臟腑，有清楚的病理

訴求。本章所列出的功法，即是專門針對更年期婦女常見的病症困擾，加以設計而成。

個別臟腑都可鍛鍊

更年期婦女最擾人的問題之一，是伴隨健康而來的情緒困擾。氣機導引的功法訴求兼顧身心靈，一方面從改造身體、增強內能量入手；一方面強調平和寧靜的心理狀態。

這個目標雖非短期內可以看到效果，但氣機導引的動作是「主題運動」，專門針對各別臟腑的鍛鍊需求而設計，只要配合功法的指導，就可以看到明顯的改變。

以下十三個系列動作，有練養丹田、啟動身體能量的基本功，也有針對更年期婦女最困擾的泌尿系統疾病、骨質疏鬆症、腸胃系統等疾病。

如果能透過丹田能量的蓄養與鍛鍊，即使在身體狀況逐漸走下坡的年齡，也仍然有令人驚喜的效益。

為避免有些人練完功後精神反而亢奮，睡不著覺，因此練功時間宜在入睡前二小時進行。在進食前後一小時內也不要練功，以免會影響臟腑之氣。

什麼是丹田？

丹田是看不到的組織，卻是人體能量聚集之處。依張良維老師的體會，上丹田位於臉部兩眉之間的泥丸宮（印堂穴），中丹田位於兩乳之間的（膻中穴），下丹田位於肚臍下三寸位置（關元穴），三者皆為人體上、中、下部位能量最盛的聚集處，主宰全身的氣機分佈，對人體五臟六腑及內分泌系統，有直接的作用。

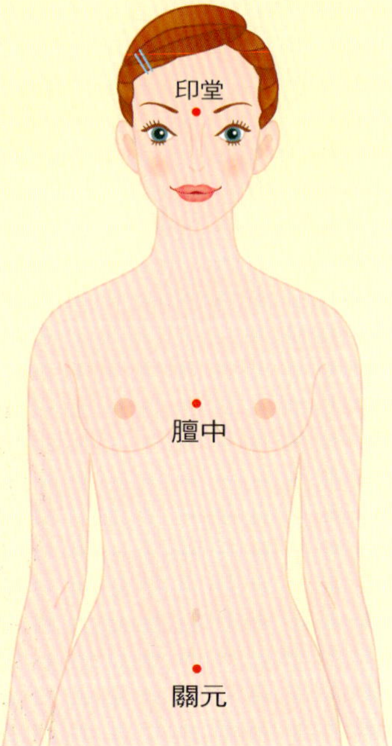

▼Step

●身體調養

靜坐

練功之前可以10分鐘到半小時的靜坐，以自我觀察。配合慢勻細長的呼吸，可調整交感神經與副交感神經，促進大腦皮質穩定，幫助心情安定。但初學者身心尚未協調，初習靜坐，很可能出現心思紛亂的現象，配合動作的鍛鍊調養，慢慢就可以安定下來。

1 全身放鬆，單盤坐於軟硬適中的座墊上。以握固法（以兩手虎口相對，左手握住右手大拇指，兩手掌交疊相握）將兩手置於小腹前。

2 腰背挺直，命門（肚臍正後方）微微往前挺，百會上提、下巴內收。

3 眼瞼微開三分目。配合呼吸，慢慢讓心靜下來。

小叮嚀

1.初學者或因身體僵硬，無法盤坐，可隨個人身體狀況，將兩腳交叉於前散坐，先以每天10分鐘、半小時慢慢練習。

2.靜坐時間若在30分鐘以上，若身體狀況可以，則以雙盤為佳。靜坐時不需數息觀呼吸，心中無須任何原理原則，全然感覺自己的身心狀態即可。

●鍛練丹田

推手舒展

藉由脊椎的延伸，配合順腹式呼吸（見小叮嚀1），以下丹田與中丹田，也就是腹部與胸腔的壓縮，讓體內真氣往背部沿脊椎推氣而上。可促進氣血循環，增強體質，強化五臟六腑氣機，對於改善腦神經衰弱、消化不良與呼吸障礙，也有積極的幫助。

小叮嚀

1.腹式呼吸又分順腹式呼吸和逆腹式呼吸，對初學者而言，吸氣時腹部鼓起的叫順腹式呼吸；相反的，吸氣時腹部凹下為逆腹式呼吸。

2.動作快慢可隨呼吸長短而調整，以動作配合呼吸。

3.吸氣，肚臍往命門收縮貼緊，兩手握拳往前推出時，坐胯、提會陰。

4.吐氣，兩手貼回肚臍，提腳跟時，務必要以百會上提、下巴內收，而使脊椎放鬆打直延伸。

▼Step

1 兩腿分開，與肩同寬。兩手交叉握拳貼於肚臍，將氣吐盡。

2 兩手握拳慢慢往前推出，此時吸氣，肚臍往命門收縮貼緊，同時收縮胸腔。

3 吐氣，兩手貼回肚臍，提腳跟。

4 來回反覆做36次。

●鍛練丹田

抱元引體

透過手肘的開合，帶動胸鎖骨開合，形成中丹田的開合與壓縮，增加胸腔的納氧量。這個動作有助於脾胃保健，例如消化不良、胃氣上逆、口乾舌燥、中脘脹滿或隱痛綿綿、氣虛嘔吐。此外，對頸背疼痛者也有很大的幫助。

小叮嚀

1. 步驟2吸氣時，手肘盡量往後張開。
2. 步驟3吐氣時，兩手肘相合，身體僵硬者若手肘無法相合，無須勉強，以肩背放鬆為要。

▼Step

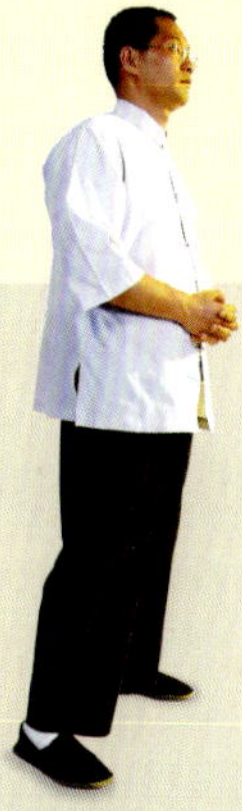

1 兩腳張開，與肩同寬，兩手交叉握拳貼於肚臍。

2 將手肘往上推高，頭後仰、肋骨延伸。身體後仰時，微微坐胯，使重心落在兩腳湧泉穴，吸氣。

3 兩手握緊，手肘緊貼，吐氣。

4 來回算一次，做36次。

●強化心肺功能

氣貫三關

以壓縮和共振的原理，藉由配合呼吸的動作，讓氣貫通尾閭、夾脊、玉枕這些經脈共振點，可促進脊椎靜脈順利回流，達到胸腔部位的開展，有助於緩解長期咳嗽，以及預防肺部纖維化、幫助心肺功能的通暢。

小叮嚀

1. 吸氣吐氣務必配合身體動作，若呼吸較為短促，動作可稍稍加快。
2. 手肘的開合與延伸，旨在帶動身體的開合延伸，請務必注意身體動作與手肘動作的協調一致

▼Step

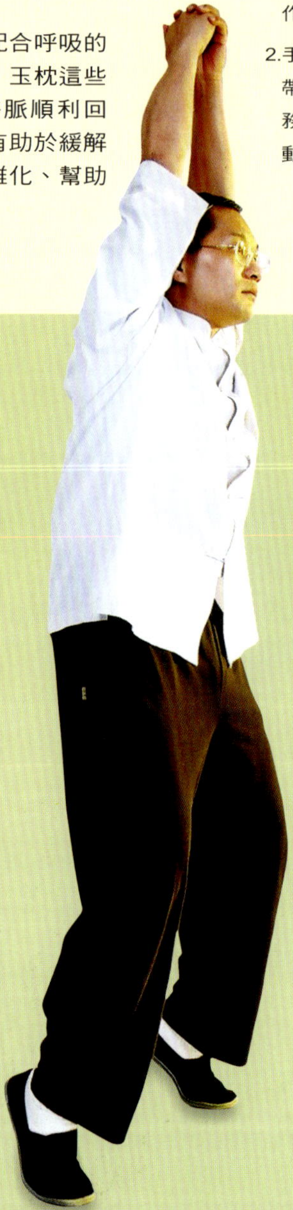

1 兩腳張開，與肩同寬，屈膝坐胯，兩手交握，手肘在胸前相合，吐氣。

2 提會陰，吸氣，手臂往上推高，帶動身體往上延伸；命門後拱，胸椎前挺，提腳跟。

3 持續吸氣，翻
心朝上，讓脊
延伸至極。

4 回到步驟1的
備動作。

●強化腎臟

懣厥俯身

藉由腰部旋轉，按摩腎臟，讓左右兩腎得到運動訓練。讓氣血回流腦部，使心腎相交。可促進氣血循環、增強體質、強化五臟六腑氣機、尤其可改善腦神經衰弱、消化不良、呼吸功能障礙。

小叮嚀

1. 身體往左右兩邊旋轉時，務必配合呼吸，全身放鬆，不要用力。
2. 高血壓及眩暈患者往前俯落起身時，請務必緩慢為之，切忌猛然起身。

▼Step

1 兩腳張開，與肩同寬，兩手托天，身體往上延伸，吸氣。

2 身體放鬆，彎腰，吐氣，兩手臂自然下垂。

3 將身體往右轉，右手幾乎碰到左腳跟，吸氣。

4 身體轉回正面，吐氣，再將身體往左後方旋轉，左手幾乎碰到右腳跟。來回算1次，做12次。

●促進腦部氣血循環

大鵬引項

這個動作可幫助頸靜脈的運動，使頸靜脈血液回流心臟，防止腦血管阻塞，促進腦部深層的氣血循環。可改善體質、內分泌失調、氣血衰弱、腦神經衰弱、骨質疏鬆、強化三焦之氣、腰酸背痛、增強內勁。

小叮嚀

1.膝蓋彎曲時，可依個人體力條件調整高度。

2.頭往上頂，下巴往後向左向右轉時，初學者可能覺得頸椎僵硬，旋轉幅度有限，務必放鬆，切勿緊張用力。經過一段時間練習即可改善。

▼Step

1 兩腳張開，與肩同寬，兩手放鬆自然垂下。

2 膝蓋彎曲，身體保持放鬆，將頭往上頂，下巴帶動身體左側輕輕往後轉向左上方，吸氣、吐氣，下巴帶動身體落回正前方。

3 下巴再往後轉向右上方，吸氣。吐氣，落回正前方。左右為1次，做12次。

小叮嚀

1.身體後仰的弧度可隨個人條件而定，不需太過勉強。

2.後仰旋轉時，是以頸椎的放鬆旋轉，帶動身體微微轉動。以放鬆為要，切勿緊張用力。

3 頭轉向右後方，持續吸氣。

4 以頸椎帶動，頭轉回正面，吐氣。再轉向左後方，吸氣。

5 轉回正面時再吐氣。如此左右來回算一次，做12次。

●改善內分泌失調

仰轉止息

幫助氣管與頸動脈的整體訓練，胸腔往後放鬆開展，可深層運動到頸部淋巴腺組織、胸腔氣管與任脈，並對腹腔任脈氣機做延伸開展的訓練。藉此改善體質、內分泌失調、氣血衰弱、腦神經衰弱、骨質疏鬆、腰酸背痛等問題，強化三焦之氣、增強內勁。

▼Step

1 兩腳張開與肩同寬，兩手放鬆自然下垂，膝蓋彎曲。

2 頭往上頂，此時帶動身體微微往後仰，鬆開肩頸，吸氣。

小叮嚀

1.兩手往後往上畫圓時，兩手盡量放鬆延伸，帶動腋下的開展。

2.兩手從耳後旋出時吐氣，帶動身體往前合，氣沈丹田。

3 兩手往後，繞過耳下，往斜前方旋轉出去，吐氣。

4 兩手緩緩落下，氣沈丹田。

●帶動全身氣脈

爭項引脊

配合兩肋開展，帶動腋下淋巴腺、雙手十二經脈與血管的旋轉，讓手動脈、胸腔動脈、軀幹動脈達到充分的按摩作用，幫助十二經脈的氣機流暢，同時讓胸腔脊椎、兩肋大量開展。可以改善體質、內分泌失調、氣血衰弱、腦神經衰弱、骨質疏鬆、腰酸背痛等問題，並強化三焦之氣、增強內勁。

▼Step

1 身體後仰，鬆肩頸，兩手掌自然放鬆。

2 坐胯，吸氣，兩手往後由下往上畫圓，手臂放鬆伸直，掌心在頭頂相合抱球。

●改善尿失禁

屈膝抬臀

透過身體仰臥抬臀，加強骨盆底肌訓練，動作中藉由肛門、會陰、前陰（生殖器）到肚臍的連線收縮，可明顯對尿失禁、膀胱無力等現象產生改善。腹腔上提收縮，可預防子宮下垂，同時能有效去除臀部與小腹間脂肪，呼吸配合身體的屈縮與舒張，可加強氣血循環，讓身體達到肌肉平衡。

小叮嚀

1.吸氣提肛時，臀部盡量抬高，膝蓋盡量往上收合。

2.吐氣時，讓軀幹延伸，手指及腳趾盡量往兩端延伸。

▼Step

1 平躺於地，手指與腳趾往兩端作極限延伸，腳尖下壓。

2 吸氣，提肛收腹，慢慢將膝蓋提起，大腿往身體貼合，同時兩手肘下滑至身體兩側。

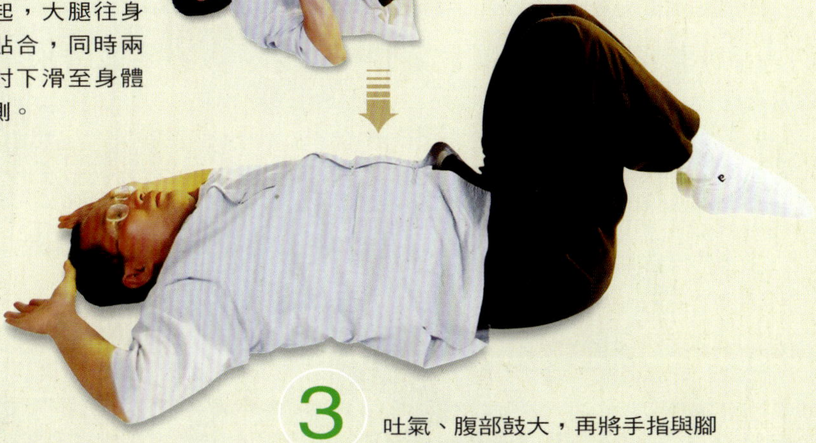

3 吐氣、腹部鼓大，再將手指與腳趾往兩端延伸，如起始動作。

●按摩肝臟

仰臥攀足

此動作是藉由腹腔的收縮與舒張，帶動身體的仰臥起落，可對肝臟及其他臟腑進行壓縮按摩作用，加強內臟血管的循環，可強化臟腑機能，並燃燒腹中脂肪，預防脂肪肝。動作過程中，配合呼吸，務必緩慢進行，並使手腳與身體成伸展狀，可達到氣達末梢的功效。

小叮嚀

1.平躺時，全身盡量放鬆延伸，將身體拉展至最長的距離。

2.動作中，腳尖始終保持下壓狀態，身體上仰時，藉由腹腔收縮的力量並做吸氣，下落時吐氣。動作與呼吸配合，務必緩慢進行。

▼Step

1 軀幹延伸平躺，並極限伸張手指與腳趾端。

2 吸氣收縮腹腔，身體緩緩仰起，雙手掌貼足背或膝蓋。

3 吐氣，將手腳延伸，並緩緩舒張落下。

●改善骨質疏鬆症

振翅壓縮

藉由肋骨與腹腔的上下收縮，以身體的壓縮功能，使身體內部產生整體共振，讓真氣能量經血管、經脈，布達於四肢百骸，深入五臟。配合吐納發聲動作，可排除體內濁氣與喉間的細菌。以出「哼」聲練習肺腔能量，出「哈」聲鍛鍊五臟六腑的共鳴與丹田。「哼哈」兩聲通大腦、印堂，即等於通上丹田。這是蓄積人體爆發力，發勁、出力的重要依據。除此之外，透過彈性的運動方式，可以提升骨質密度，防止骨質疏鬆症，還可以順勢鍛鍊大腿肌腱肌肉，增加大腿能量。

小叮嚀

吐氣「哼」、「哈」聲時，提會陰收小腹，身體壓縮要領在於兩乳峰中間點與肚臍相合，百會與會陰相合；兩肘臂隨身體伸縮起落，肩膀放鬆、自然擺動。

▼Step

1 兩手手心朝下，手肘平舉內合至胸前，虎口相對，使兩臂如鳥翅。

2 身體彈動並壓縮橫隔膜。

3 動作時需配合發聲吐納，採鼻吸嘴吐，吐氣時以「哼」「哈」兩聲交替出。

●提振胃部機能

引摩腹氣

藉由人體的勞宮穴氣機，引動中脘處的氣機作用，幫助胃部腹肌的收縮運動，促進胃部機能，提振胃氣。按壓時力量不用過大，反覆操作，亦可幫助消化。

小叮嚀

腹脹氣者要往下順抹、胃下垂者則要往上提抹。

▼Step

1 全身放鬆，兩腳分開與肩同寬。男子主陽，以右手貼腹在下，依逆時針旋轉；女子主陰，以左手貼腹在下，依順時針旋轉按抹腹部。

2 按抹腹氣時，行慢勻細長的逆腹式呼吸（見71頁小叮嚀1）。

Chapter 3

小叮嚀

1. 手攀足時，頭身盡量後彎，抬膝離地，動作時維持自然呼吸。
2. 此動作可逆向平衡生理慣性，完功後，若感頭痛，屬自然現象，無須緊張，靜坐10分鐘，自可消除。

示範老師：

張良維先生，習武30年，從推廣太極導引始，到編創氣機導引功法。中華氣機導引文化研究會網址：http://www.qiji.org.tw/about-chang.htm。

3 左右來回擺動滾腹24次。

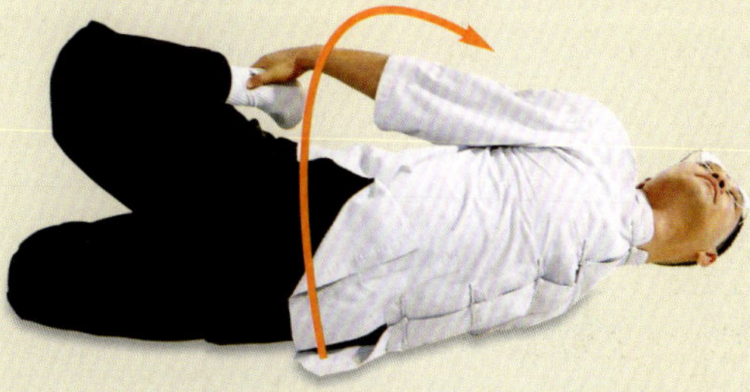

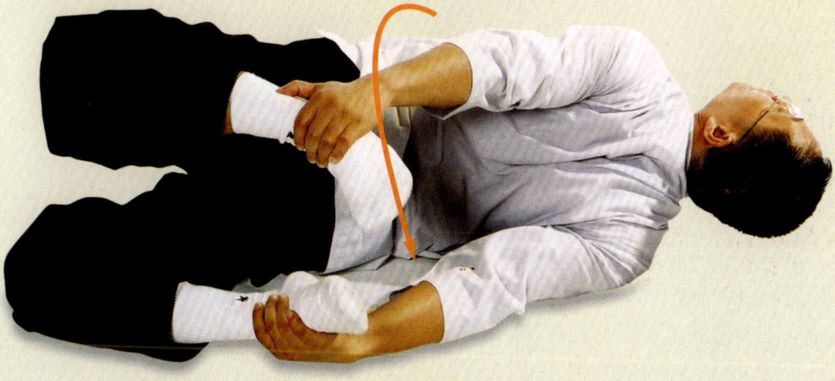

●紓壓平衡

攀足滾腹

攀足滾腹功法是藉由身體軀幹反向伸展，並對腹部進行滾動壓縮，在延伸前腹腔與搖滾過程，可消除腰腹間的脂肪，促進靜脈血液回流，且對臟腑產生壓縮按摩作用，協助腹內器官血管的通暢。藉由身體逆向操作可平衡身心的慣性活動與思維，達到身心的平衡，有立即舒壓的效果。

▼Step

1 身體俯仰抬頭，雙手抓著腳踝。

2 身體如搖椅前後搖擺，前後來回擺動滾腹24次。

簡單易行的灸法與按摩

這裡提供的都是中國歷代名醫與養生家所提倡的方法，可以刺激全身的血液循環，更重要的是隨時隨地都可以養生，很方便。

在中醫的理論中，多數的身體不適與疾病幾乎都與「氣血循環」有關（也就是血液循環）。這裡提出的都是中國老祖宗傳下來，可以舒筋活血的養生法，非常簡單、容易執行，而且有效果。利用生活的空檔來進行，氣血暢通後，不但可以預防更年期的嚴重不適，也不容易罹患心血管、癌症等慢性病。

◎灸穴位

三十五歲以後的女性，可以常常灸關元穴與足三里穴。灸這兩個穴位可以預防老化，抗病能力也會增加。

方法

以艾條來灸，點火燃燒後，隔一公分置於這兩個穴位上，每次灸十至十五分鐘，一星期灸一次。一次燒個四分之一至五分之一的艾條，做完後要確實做好熄滅的動作。這兩個穴道可以在睡前灸，灸完血路暢通，也容易有一個安穩的睡眠。

要注意的是不要在密閉的空間中灸，以免吸入過多煙霧，對肺部不好；也不要為了散氣而一邊灸一邊吹電扇，以免讓風寒由張開的毛孔侵入；最理想的熱灸環境，是通風良好的臥室。

艾條可至台北市重慶南路上，專賣中醫書籍及器材的老書店購買（如志遠書局），或是到醫療器材公司、農產精品中心也可以買得到。

穴位—足三里

- **位置：**位於膝蓋下方凹陷約三寸（四指橫寬）處，左右各一。
- **功效：**是可保健、強身的要穴，可

以通調臟腑，調整腸胃功能，對呼吸、循環、神經、內分泌，都有調整的作用。

穴位─關元穴

位置：位於肚臍下方三寸（四指橫寬）的地方，這就是丹田的位置。

功效：可補益人體的元氣與腎氣，提高抗病能力。戰國時代的名醫扁鵲曾提到，在夏秋交界之際常常灸關元穴，達到「千壯」（一壯就是把艾茸捏成一個，燒一個叫一壯），久而久之，夏天不會怕熱，冬天不會手腳冰冷。隨著年齡的增加，灸的次數要越來越多，扁醫師強調，只要持續下去，就能「延年益壽」。

熱灸穴位圖

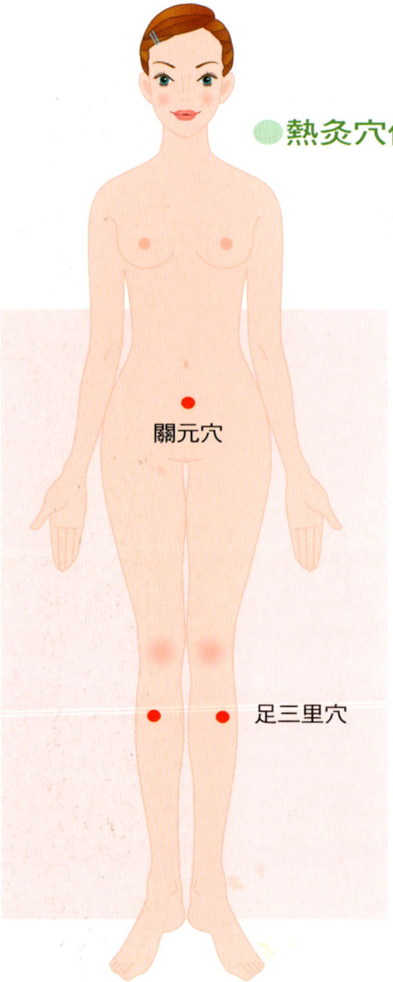

灸的妙用

灸，是灼燒的意思，灸療是利用艾條點火燃燒後，置於人體穴位上，藉著它所產生的氣味及熱度，隔著些微的距離刺激穴位，激發經絡的功能，調節人體陰陽的偏失，促使生理機能恢復正常。它有增加溫熱、血行、代謝、抗病的能力，具「補」的效果，因此建議生理功能已走下坡的中老年人採行。但要遵照書中的操作次數與時間，如果灸過頭了，可能導致「上火」。

簡易按摩功

三十五歲以後，女人首先發現皺紋出現了，魚尾紋變得很明顯、也長出白頭髮。這時可以做一些簡易、又可以舒筋活血的按摩功，讓整個人更容光煥發。

簡易按摩功 1

洗臉功

為了減少臉部的皺紋、疏通顏面的氣血，可以做洗臉功。

▼Step

1 每天早上起來靜坐數分鐘，閉目養神，然後將兩掌掌心互相搓熱。

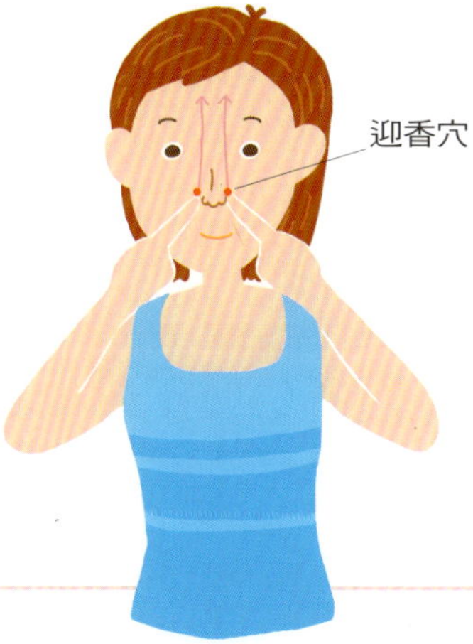

2 用中指從鼻翼兩旁的迎香穴，沿著鼻樑骨往上推，推至額頭。

3 然後換用四指，續往兩邊的額角推去。

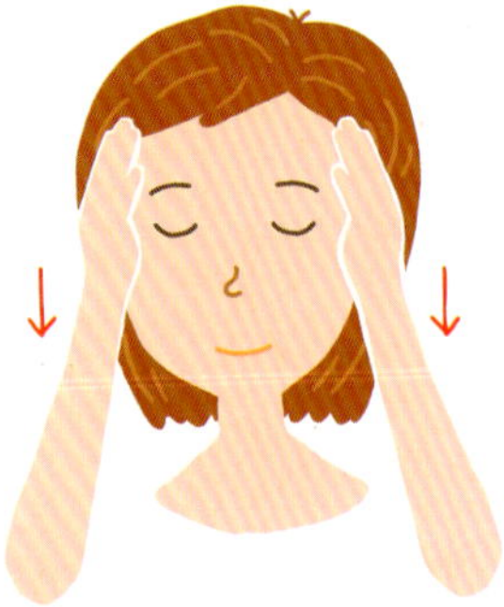

4 再由兩手掌心自額角而下輕摩臉頰，然後中指再回到鼻翼旁的迎香穴（如步驟2），如此周而復始。

功效與原理

1.手掌上的勞宮穴為心包經穴，摩擦它可以調節心臟氣血，讓臉部氣血循環較好，延緩皺紋產生。

2.人體老化還有一個特點就是腸胃功能減弱，而臉上有許多穴位是人體足陽明胃經的穴點，對腸胃功能有調節的作用，所以多做臉部按摩也有改善腸胃機能的好處。

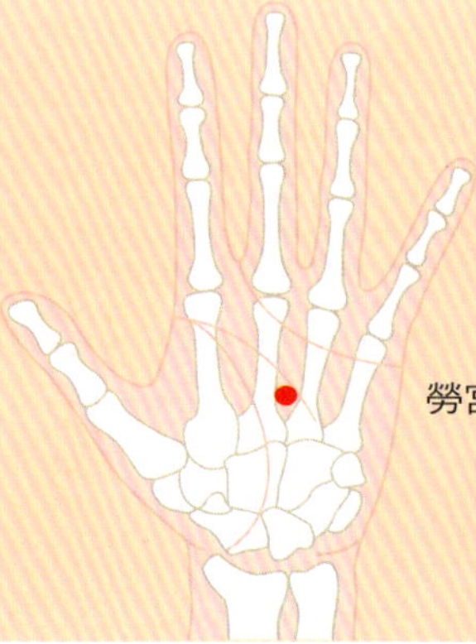

簡易按摩功 2

梳髮按摩功

人老了有一個特色是頭髮先白，如果要減緩頭髮花白的速度，可以常常按摩頭部。

功效與原理

頭部不只和頭髮有關係，還是百脈之匯，所有的經脈都在頭部交匯。頭皮底下還有很多的中樞神經系統，如果常常刺激，會讓它比較穩定，可預防及緩解頭痛頭暈，對睡眠也會有很大的幫助。

▼Step

1 每天早上起來靜坐數分鐘，閉目養神，然後將兩掌掌心互相搓熱。

2 從前髮際到後髮際，每天這樣來回梳理100下。

簡易按摩功 3

轉舌運動

功效與原理

在更年期時最容易發生的症狀就是口乾舌燥，尤其是晚上睡覺的時候，曾有患者抱怨：「嘴巴乾得張不開」。轉舌運動可以刺激口腔內唾液腺分泌，唾液的好處是可以幫助口腔殺菌，還可以促進消化、保健牙齒。

另外，心開竅於舌，轉動舌頭有寧心安神、促進心腎水火相交的作用，對於心火過旺、心腎不交而引起的心煩、失眠、口乾、口苦、口舌生瘡都有治療的作用。

▼Step

1 先以舌頭頂住上顎，一會兒之後開始做舌頭功。

2 讓舌頭在口腔內旋轉，先順時針再逆時針，來回摩擦嘴唇、牙齦、牙齒到口腔內部，每次做16下。

簡易按摩功 4

按摩中脘穴

▼Step

1 中脘穴位於肚臍眼與鳩尾骨（兩邊肋骨交叉的下方有一個突出的地方，是為鳩尾骨）的中間，先用四隻手指按住，再用另一隻手掌壓在手指上，按一下然後放鬆。按的時候是吐氣，放鬆的時候是吸氣，重複10到20次。

2 再用手掌緩緩揉按中脘穴附近，先順時針方向，再逆時針方向按摩，各18到36次。

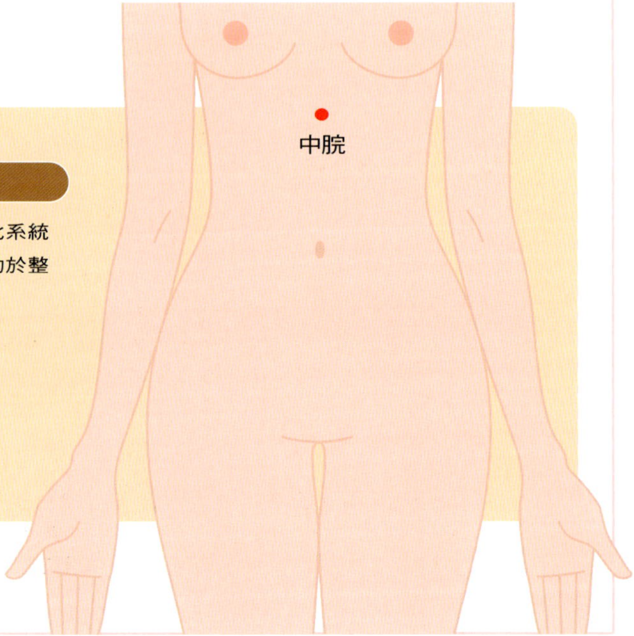

功效與原理

中脘穴多用來治療消化系統的毛病，多刺激它有助於整腸健胃。

35歲後該怎麼吃?

小心!病從口入!

現代醫學已經證實,許多慢性疾病與飲食息息相關。過了35歲以後,身體代謝趨緩,更要小心飲食,以免惹病上身。

俗語說「病從口入」,很多病都是「吃」出來的,如肥胖症、高血壓、糖尿病、癌症等,這些中老年人常得的疾病,與我們積年累月的飲食習慣大有關係。

為了避免肥胖症及各種慢性病上身,以及積極攝取進入更年期後,女性荷爾蒙減少所需的營養素,請開始調整自己的飲食習慣與內容吧。

飲食習慣隨年紀改變

現在大家都知道,年紀大以後飲食要偏向清淡,身體也會自然作這種調節,譬如中老年人對吃到飽的大餐就少了年輕時的熱情。飲食習慣的改變除了減少脂肪堆積之外,也是為了因應腸胃機能的退化。年輕的人腸胃功能好,去吃到飽的餐廳大吃大喝,身體也不會發生任何問題,但是年紀大了以後還這樣吃,就可能誘發腸胃疾病。

另外,女性在過了三十五歲之後,會發現身體更不愛動了,較喜歡做靜態的活動。此時人體的代謝變慢,脂肪更容易囤積。到更年期乃至於停經以後,女性少了雌性素這支保護傘,血中的好膽固醇減少,壞膽固醇增加,心臟血管缺乏緩衝適應力,

因此統計上顯示，四十五歲以上女性罹患心臟病的比例大為增加，到了六十五歲以後，比例更是超越男性心臟病患者。

因此，飲食中應該減少脂肪類食物的比例，對熱量的攝取要隨著年齡慢慢減少，而且蛋白質的攝取量也要降低，肉類的飲食要減少，蔬果的比例增加。但也不建議以蔬果為主食，因為它完全沒有熱量，最佳主食還是碳水化合物類的食物。

此外，飲食的選擇以新鮮、自然的食物為主，不要因為貪圖方便就大量吃罐頭、醃製類、加工類食品（如香腸、火腿、貢丸等），長期食用這類加工食物，會造成身體消化系統的沉重負擔。

減少吃進油脂的方法

衛生署《國人每日營養素建議攝取量》建議，每日攝取的油脂以不超過總熱量的百分之三十為佳。上班族女性及男性（輕度勞動者）一天需要熱量大約是一千六百卡及二千卡，換算下來，脂肪攝取量一天最好分別在五十克及六十五克以下。

一天所需的熱量計算法

現在一般的算法是以30為一個基準，以30卡路里乘以妳的標準體重公斤數，就是一天所需的熱量，但是隨著年齡增加，基礎代謝率下降，熱量消耗也隨之降低，因此中年以後熱量的供應必須減少約10%-20%。對於體型小且活動量低的老人，男女熱量需求甚至一天只有1500卡與1200卡。

而速食店的一份牛肉漢堡加中包薯條的套餐，油脂可能就超過四十克，而外食族常吃的排骨便當一個熱量就高達一千零五十五卡。要預防不知不覺吃進太多油脂，有以下方法：

1. 飯前先吃水果或生菜，以增加飽足感。蔬果中含有的纖維質及維生素C也可預防因攝取過多動物性油脂所可能引發的癌症。
2. 一般便當中的肉食，如排骨、雞腿等，都只吃一半，而且盡量以魚類作為肉質攝取來源。
3. 三餐中只選一餐吃肉。隨著年齡越長，熱量與油脂的需求不若年輕時，尤其肉類、全脂乳製品中的飽和脂肪被證實過度攝取具有致癌性，一定要減少每日的食用量。

◎預防更年期不適症的三大飲食法

維持均衡的飲食，從食物中攝取各種不同的天然營養素，使身體代謝循環都能保持穩定正常，是預防更年期症狀的不二選擇！

1 有助於放鬆心情的飲食

充分攝取維生素B及鈣、鎂，對情緒的舒緩有幫助。相對要減少喝咖啡及飲酒，以免讓不安的情緒加重。

另外，中藥的合歡皮、玫瑰花、鬱金，也有助於鬱悶情緒的調解。營養學研究發現，豆類中有些成份與女性荷爾蒙結構物相似，多吃黃豆、黑豆類食物，有助於穩定更年期女性的情緒。

2 有助於維護骨質的飲食

可以每天喝二杯牛奶、吃深色蔬菜、海帶芽或小魚乾等來補充鈣質；含有植物性荷爾蒙的食物，如大豆、黃豆製品也具有強壯骨骼的效果。維生素D有助於鈣質的吸收，可以透過曬太陽或以補充劑來提供。碳酸飲料（如可樂、汽水）都會妨礙鈣質吸收，過了三十五歲之後，請修正愛喝汽水的習慣。

3 有助於降脂保心的飲食

減少奶油等人工精製脂肪、飽和脂肪、膽固醇的攝取，以多元不飽和脂肪酸為主，如冷壓橄欖油、月見草油、亞麻油、深海魚油等。碳水化合物的攝取應盡量食用全穀類，少吃白米、白麵粉等精製食物。

❤ 還有哪些可以補充的食物及營養素？

1. **延緩腦部的退化，增強記憶力：**應補充大豆等富含卵磷脂的食物，以及含多元不飽和脂肪酸（omega-3）的深海魚類，如鮭魚、鱈魚及鮪魚等。
2. **增加抗氧化能力，抑制癌細胞侵犯及轉移並且潤膚滋養：**可選擇維他命A、C、E、及植物性荷爾蒙。
3. **多食用軟骨膠類含黏液質高的食物：**如黑木耳、海帶芽、昆布、髮菜、香菇、地瓜葉、皇宮菜等，有滋潤養陰的作用，對於預防整體更年期的症狀有幫助。

Chapter 3

◎七種食物，推薦給35歲以後的妳

更年期就像人生的秋天，生理心理都變得有一點蕭條、低落、乾燥。因此建議在更年期之前，三十五歲以後的婦女就可以多吃一些滋潤性的食物，以補充將來進入更年期以後，身體流失的水分或膠質。

1 玉竹

性味甘平，有滋潤保溼的效果，效力弱而緩，屬於清補類，一般滋補用，大眾皆可服食。它含有很多黏液質，也含有維生素A，所以有抗衰老與滋潤皮膚的作用，而且它還有除煩悶、止渴、潤心肺、補虛損的效果，可以以水煎服，或是加入菜餚中燉煮，一般中藥材行均可購得。脾虛有痰者忌服，心跳過快及高血壓者也要慎用。

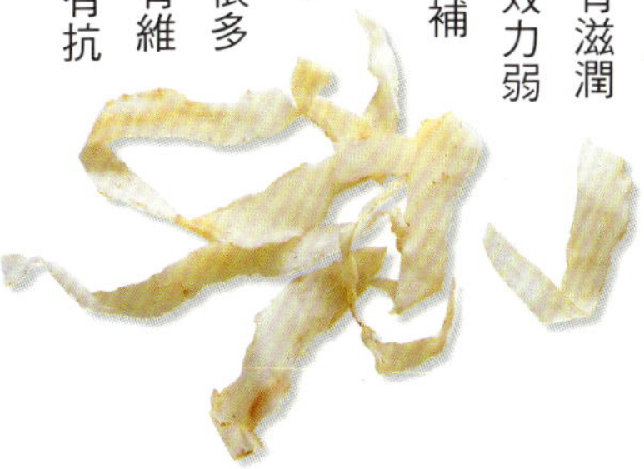

2 柿子

味甘性寒，是一種平和的滋養品，有潤肺生津、潤腸通便等功效。它含有豐富的維生素，尤其維生素C的含量比一般水果要高個一~二倍，尤其對於虛熱口渴、肺虛久咳不癒、高血壓的患者都有緩解的效果。

3 橘子

《本草綱目》記載，橘子有理氣健脾、燥濕化痰的作用；加工後的橘皮，有消痰降氣、運脾調胃的功效；

❤ 吃柿子的禁忌

柿子性寒，脾胃虛寒體質或體弱多病的人不要吃太多。尤其不要在空腹的時候吃，以免在胃中結成不易消化的團塊，影響健康。另外也有報導指出柿子不宜和白薯、螃蟹、酒一起吃，患有缺鐵性貧血的人也請少吃柿子。

橘絡能化痰、順氣活血；橘核能理氣、散結、止痛⋯⋯，一整顆橘子對人類的健康都有貢獻！

橘子內含有多種維生素，尤其維生素A、C含量很多，它還含有可抗發炎和可稀釋血液濃度的類黃酮，有助於預防心臟病的發生。

4 枇杷

性味甘酸涼，有潤肺止咳、和胃生津的作用，可以緩解咳血、口渴虛煩等症狀。枇杷含有果膠、鈣、磷、鐵、維生素B1、C等，做成枇杷汁，可以用來治療呼吸系統的毛病。要注意的是不要誤食枇杷核仁，枇杷核仁含有劇毒的氫氰酸，會使人中毒。

5 桃子

性味甘酸溫，有補氣、生津、與通便的作用，它含有維生素B1、B2、C，及鐵、鈣等礦物質，可以防治老年體虛、腸躁便祕等症狀。桃仁也有營養，含脂肪油、維生素B1等，桃仁醇抽提液可抗血凝，可能有降血壓的效果。

6 綠色花椰菜

含有豐富的維生素A、C，尤其是維生素C，是僅次於辣椒的高含量

蔬菜。另外，它含有豐富的磷，非常適合用腦過度的現代人常常攝取。

綠色花椰菜被科學家證實含有多種抗癌物質，尤其是它的三甲醇（indole-3-carbinol），特別能作用於雌性素，對於預防因雌性素波動所導致的乳癌有效，還能抵抗引發子宮頸癌的人類乳突病毒，是非常適合女性朋友多多攝取的食物。

7 菠菜

菠菜俗稱「紅嘴綠鸚哥」，《本草綱目》記載，菠菜可以通血脈、開胸膈、下氣調中、止渴潤燥。它是葉黃素含量最豐富的蔬菜，可以顧眼睛，預防黃斑退化症和白內障，讓老年人擁有年輕人的視力。

另外，菠菜也具有強大的抗氧化效果，可以延緩老化、預防癌症、預防心血管疾病等等，好處多多。但要注意的是菠菜中含有草酸及鈣鹽成分，會結合成草酸鈣結晶，腎炎、腎結石的患者不宜吃太多。

❤ 還有哪些有益食物？

1. **梨：**性味甘寒，可清熱養陰 、生津潤肺，而且含有豐富的維生素、蛋白質等營養素。（詳見157頁）
2. **蘿蔔：**味辛甘、性寒涼，在古籍中也是治病療效頗佳的「良藥」。現代研究證實，蘿蔔中富含可調節血壓和保護神經的鉀，維生素C的含量也很高喔。（詳見169頁）
3. **冬瓜：**味甘性寒，有利尿消腫、清熱解毒、清胃降火的功效。而且它含有豐富的維生素B1，蛋白質等營養素，熱量很低，適合肥胖者食用。（詳情見198頁）
4. **藕：**鮮藕生寒熟溫，可消瘀涼血、清煩熱；熟藕性味甘溫，可益胃健脾、養血補虛，是秋令食補的上品。（詳情見152頁）

減緩雌性素下降的速度

美滿性愛讓妳更青春

許多女性對於「性」有較多的羞恥感，但是美滿的性愛，對預防更年期症狀可是大有幫助的，因此不要輕易放棄妳的性生活喔。

一般的東方婦女提到性生活總是難以啟齒，人到中年以後，可能因為身體的不適、夫妻間身體新鮮感降低等等因素，讓性生活的頻率或品質每下愈況。其實，適當的性生活，是有多種好處的。

性愛可以保持青春

在更年期時，若能維持一定頻率的性生活，則可能減緩血中雌性素降低的速率，而減少更年期症候群發生的機會。

在更年期之後，若能維持性生活，可以避免生殖器官的萎縮，提高陰道的潤滑程度，滋潤陰道。

性愛時的刺激和運動會刺激身體分泌腎上腺素，如此能夠增加皮膚的透明度，使人變得更光鮮亮麗。

美好的性愛讓妳更長壽

根據統計，婚姻美滿的人往往較單身或離婚的人更長壽，而美滿婚姻與性生活有莫大的關係。和諧的性生活可以刺激白血球的活躍功能，提高免疫力，有助於抵抗疾病，減緩老化的速度。

Chapter 3

性愛可以減肥

調查顯示，一個熱烈的接吻可燃燒十二卡路里熱量，愛撫十分鐘亦可燃燒五十卡。即使是最遲緩的做愛，亦可每小時燃燒二百卡。想不到吧，性愛也是預防肥胖症的方法之一。

性愛可預防傷「心」

性行為達高潮時，大腦會分泌腦內啡，有助於安定神經系統，可消除緊張、緩解鬱悶情緒。而且可適度提高心跳率和血壓，讓心血管系統達到良好的運動量，這是舒展心血管系統的另一種方法，況且情緒變好，對預防心血管疾病也很有幫助。

雖然人到中老年，會發現自己的性反應和性慾都有降低的情形，但依舊可以享受完整且滿意的性關係。性反應變慢，意味雙方需要有更多的愛撫、前戲，需要更多的體貼與關愛，這些愛的活動相較於年輕氣盛的伴侶，是另一種細水長流的親密。

❤ 無性生活，更年期容易提早？

醫學上認為最好的生育年齡是21歲到27歲，但是目前台灣婦女有晚婚、晚生育的趨勢。晚生育的女性可能增加罹患子宮內膜異位症、不孕症的比率，因為不孕所以給卵巢做了許多的刺激，以至於發生卵巢過度刺激症候群，造成卵巢水腫、卵巢功能提前退化，因此現在反而有不少婦女停經年齡提前的案例，很多都是做過人工生殖術的婦女。

另外，臨床上發現，完全沒有性生活的女性，更年期容易提早。這可能是因為她的卵巢與性腺都沒有經過刺激，一直維持在平淡的狀態，導致這些機能提早「退休」。

小習慣立大功

預防病症的五種好習慣

一些簡單的生活習慣，就可產生預防的功效。因此不要怕麻煩，在更年期前就建立好這些習慣吧。

1 對任何小症狀都要提高警覺

更年期時女性荷爾蒙不斷下降，抵抗力變弱，容易發生病症，所以要預防大病，不得不對任何細小環節保持警覺。在這段期間，要盡可能維持生活作息的正常，不要隨意改變原來的生活作息，家人也應投入更多的關心，避免讓更年期婦女遭受嚴重的打擊。協助仔細觀察和記錄更年期婦女生活、情緒的變化，別輕忽了失眠、情緒憂鬱等各種小問題。

俗話說：「小症不治，大則難醫。」只要夠細心，釐清一切可能導致症狀發生的原因，相信很多重症都不難事先預防。

2 要注意補充水分

愈接近更年期的人應該時常注意補充水分，而且喝水也要喝得有方法，才能有效被人體吸收。

建議最佳飲用的水溫要在二十～二十五度之間，而且不需特地再加任何調味來調色，白開水就是人體最好吸收的水質，在二十～二十五度的涼開水中，含有一種獨特的生物活性，與人體細胞中的含水非常接近，因此不但能夠解渴，還能穿透體內細胞膜，促進人體新陳代謝，有利於體內廢物的排瀉，並促進腸胃的消化和吸收。

所以建議三十五歲以後的女性，每天早上起床最好能養成每次喝二百五十毫升涼開水的習慣，多喝水常保健康，保持體內水質的流動與機能，就能預防更年期間許多症狀與疾病的發生。

3 養成記錄月經變化的習慣

更年期初期的典型徵候，就是月經會開始出現混亂，時有時無，經期和經量都會產生起伏不定的變化。因此應早早養成習慣，經期來時，要主動觀察自己月經的經量、經質、經色、經期、月經週期，並加以記錄。

正常月經來的時間約是三~七天，但是快接近更年期的人，經期可能會減少到不足三天。這時經量也可能較年輕時減少，如果經量突然變多，就很可能表示組織產生了變化、甚至病變，這時就得立刻詢問醫生了。

經質指的是經血的狀態，黏稠與否、氣味如何。一般的月經有血腥味，但不該有特殊的臭味。經色也

月經年度記錄表

____年	1月	2月	3月	4月	5月	6月	7月	8月	9月	10月	11月	12月
經期（日期）												
經量												
經質												
經色												
週期（與上月間隔）												
備註												

會隨著經期變化，第一天開始時顏色較為淡紅，繼而逐漸加深，將近結束時可能恢復為淡紅色。

一般而言，月經的週期時間在相隔二十八~三十五天中都算正常，但也有人是二、三個月，甚至半年才來一次。總之準備一本小簿子，養成詳加記錄月經的習慣，以利發生變化時，可以隨時提供給醫生作參考。

4 營造舒緩情緒的空間

臨床上發現，更年期結合憂鬱症併發的比例攀高的，此時此刻，植物與音樂可能是妳最好的朋友。

美國有研究指出，住在可以看見綠樹等自然景觀的病人，住院天數較短，止痛劑用量減少，對醫護人員的抱怨也較少。還有研究發現，充滿綠意的環境可以刺激老人的腦力、還能降低寂寞感，因此美國一些著名植物園成了治療病患的地點。

中醫早就使用一些對人體有療效的花材，如溫性的玫瑰花、桂花，具有舒肝解鬱的效果。另外，花的芳香對情緒的紓解也有幫助。

在音樂方面，坊間也有不少標榜具有療效的音樂產品。不過音樂療法最被證實的功能就是舒緩情緒、解壓，因此倒不必拘泥於音樂治療師或廣告的說辭，可以多聽聽各種音樂，試試看各種曲子對於情緒的療效，就能夠找到屬於自己的開心處方。

因此常常買花佈置家裡，讓家中常常飄揚著讓自己感覺喜悅的音樂，或是鬱悶的時候出去逛逛花園、接近大自然，都是預防憂鬱症悄悄上身的好方法。

5 挪出空檔泡泡澡

泡澡可以促進血液循環、幫助代謝，對於身心壓力大的現代婦女，也有放鬆身心的療效、預防失眠。如果再適度加上一些可以解毒活血、清潔止癢的中藥浴劑、煎湯，對於情緒無

法輕易放鬆或體內累積不少毒素的人來說，是一個可以輕鬆採行的養生排毒方法。

以下是推薦給三十五歲以後婦女使用的中藥湯方。製作方法可先將中藥煎成湯劑，倒入洗澡水中。或是將藥材裝入紗布袋，再將紗布袋放入浴缸內浸泡。

枸杞葉湯方

枸杞葉有清熱、去風、滋潤皮膚、補虛的效果，雖然經過毛孔吸收得有限，但還是有它的療效。用枸杞葉泡浴，有潤膚防病、延年益壽的功效，它的熱水浸出液中含有尿苷酸、天門冬胺酸、脯胺酸等物質，可以有效地清潔皮膚、抗菌消炎。甚至古書上記載，在農曆四月初四到初九，五月初一、六月二十七日做這樣的泡浴最有效果，不妨一試。

橘皮香浴方

橘子皮剝下後曬乾備用，沐浴前用三~五片撕碎後，丟入浴缸溫水中泡澡，橘皮油可有效滋潤皮膚，也有一定的殺菌作用，芳香味並可放鬆情緒。橘皮曬乾製成中藥就是陳皮，性溫，入脾、肺經，有調中理氣、導痰、利水等功效，亦有降血壓、抗菌的效果，不管是用吃的或是用泡的，都有幫助喔。

早期發現早期治療

35歲後必做的五大檢查

早期發現早期治療，是疾病防治工作的一大要項。因此每年都為自己規劃一個時間，好好檢查一下吧。

健康檢查的必要性，在於很多致命性的慢性病早期並沒有明顯症狀，等到我們明顯感到身體不適時，往往病程已經走到中後期，對於我們的生活及生命構成重大威脅，治療起來也曠日費時而療效不佳。

因此，過了三十五歲以後，建議女性朋友要固定接受健康檢查，尤其是針對更年期好發的病症，如骨質疏鬆症、乳房、子宮、卵巢的癌變、心血管疾病等，一定要按時檢查，早期發現才能早期治療。

1 骨質密度檢測

骨密度檢查可以在骨折尚未發生之前，便斷定受測者是否患有骨質疏鬆症，或者雖然還沒到骨質疏鬆，但已有「骨質缺乏症」（osteopenia），有罹患骨質疏鬆症的危險。

骨質密度的檢測方式有很多，不同的身體狀況有不同的檢測方式。不過，檢查前還是要經過醫師的診斷後，再加以進行。

正常骨頭與骨質疏鬆症骨頭的比較

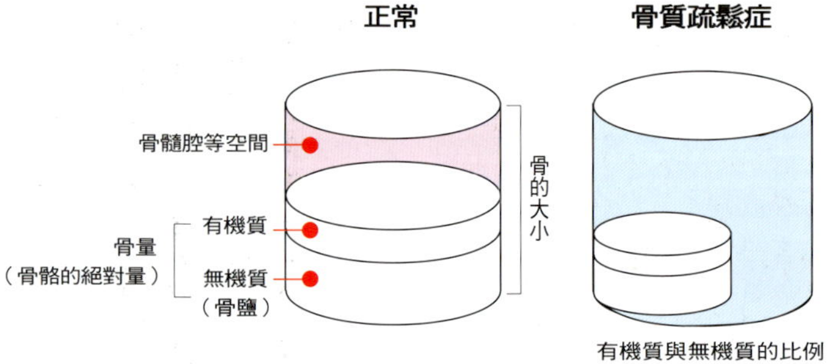

有機質與無機質的比例保持一定，骨量減少。

初步檢查

一般來說，如果受檢者沒有任何可能導致骨質疏鬆症或骨折的危險因子，會先採用周邊篩檢性檢測（像是pDEXA或pQUS）來測量手腳骨質。如果測出骨質密度過低，才會以較精確的中央骨質密度測定器（例如DEXA）來進行進一步的檢驗。

較準確的DEXA檢測

如果受檢者有骨質疏鬆症的病史，擔心的是身體隨處發生骨折的整體危險率，最好的檢測方式是使用DEXA來測定腰椎或髖部骨頭。以DEXA測得骨質內所含的T質（骨質密度），用以判斷是否罹患有骨質疏鬆症。

除了儀器檢測外，生化檢驗方面可以檢查血液和尿液中鈣與磷的濃度，測定副甲狀腺激素值、測定維生素D及其代謝產物、利用鈣的同位素作鈣的動態評估、測定骨骼內的非膠原蛋白質等等，專業醫師會根據病患的需要選擇最適合的檢測方式。

接受骨質檢查的頻率

接受檢測的頻率，視年紀和危險因子而定。骨質疏鬆症的患者最好能夠每半年至一年進行一次追蹤，以確定骨質含量是否繼續大量流失，如果是的話應持續接受治療，直到骨質量明顯穩定下來之後，檢測次數就不用那麼頻繁。如果可能的話，最好由同一位檢驗師操作同一部骨質密度測定器，測量同一塊骨骼，這種方式將可得到最準確的結果，因為儀器不同可能會產生些微的差異。

即使骨質密度在初次檢驗時表現正常，仍應在五年之後再度複診。若能每隔一段時期做一次骨質密度檢測，並且持續好幾年，檢測結果將能顯示出一個人骨質流失的速度。

世界衛生組織的骨質定義

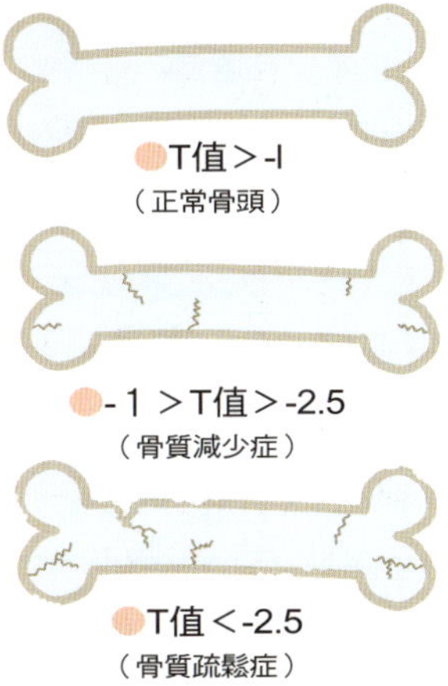

保住骨本不能等！

醫學研究發現，近年來骨質疏鬆症已經不只是老年人的專利，有些年輕人在青春期時就被發現有骨質疏鬆的現象，有可能是先天性成骨不全等遺傳因素所造成的。因此，建議35歲之前要去做一次骨質密度檢查，以確認自己的骨質狀況。

2 子宮頸抹片檢查

根據民國九十二年衛生署的統計，子宮頸癌佔十大癌症死因的第五位。子宮頸癌的發生原因大多是經由性行為感染人類乳突病毒（HPV），容易發生在性經驗開始早（如十四至十七歲）、性伴侶多、曾罹患性病的婦女身上。

傳統子宮頸抹片檢查有百分之十到四十的偽陰性，只要每年做檢查，偽陰性的機會不大。若能將傳統子宮頸抹片檢查配合以下篩檢方式，如人類乳突病毒檢測法、薄層抹片、螢光檢測法、分子診斷法、電腦輔助抹片判讀等，就能增加檢測的準確度。

不論年齡，只要是有性行為的女性應該每年檢測一次，只要六分鐘即可完成。月經過後到排卵前是做子宮頸抹片檢查的最好時機，檢測前二十四小時之內不要沖洗陰道、進行性行為，以免會影響到檢測結果。

◎子宮頸抹片檢查，6分鐘護一生！

3 卵巢超音波檢查

由於卵巢也是更年期後常發生癌變的組織，而且發現不易，因此定期檢查也很重要。可利用每年一次進行子宮頸抹片檢查時，合併做婦科內診、卵巢超音波檢查。

此外，驗血也可以檢查。血液腫瘤指標（CA－125）是卵巢癌高危險群婦女必做的檢測項目之一（所謂高危險群，即指家族中有卵巢癌病史者，如具有乳癌抑癌基因BRCA1或BRCA2或P53的基因突變，則有高達百分之十七到五十的機率得到卵巢癌）。但是停經前的婦女使用CA－125檢測，往往會因為原本就罹患的子宮內膜異位症而讓指數升高，因此需要其他血液腫瘤指標及檢查協助鑑別診斷。

4 乳房檢查

乳癌不是內臟癌症，它長在體表，所以八成的乳癌可由觸摸發現，早期的乳癌經治療後，百分之八十五的患者有五年的存活率。

乳房自我檢測

每個月花五至十分鐘做乳房自我檢查，就能掌握自己的健康。一般婦

女在生理期後一週內實施；停經、更年期或懷孕婦女，每個月要找一天固定實施。

超音波及乳房攝影

除了自我檢測之外，四十歲以上婦女每年應到醫院做一次乳房檢查，乳房攝影、乳房超音波，一年交換做一種。服用荷爾蒙補充療法達三~六個月以上的更年期婦女，或是乳房自我檢查發現有腫塊者，一定要進一步做這種檢測。

5 每年作一次全身健康檢查

每年一次的全身健康檢查，更能及早發現身體上的異狀，以及早治療。檢查內容應包括：身高、體重、心電圖、血壓及血液檢查等。血液檢

乳房自我檢測

▼步驟

1 站在鏡子前檢查

雙手高舉過頭看看自己的胸部。雙手插腰，挺胸，縮腹再看一次。雙手自然下垂再檢查看看。要確認：乳房外型是否左右對稱？皮膚有無不正常的縐褶、隆腫、潰爛或橘子皮樣？乳頭有無凹陷、分泌物？

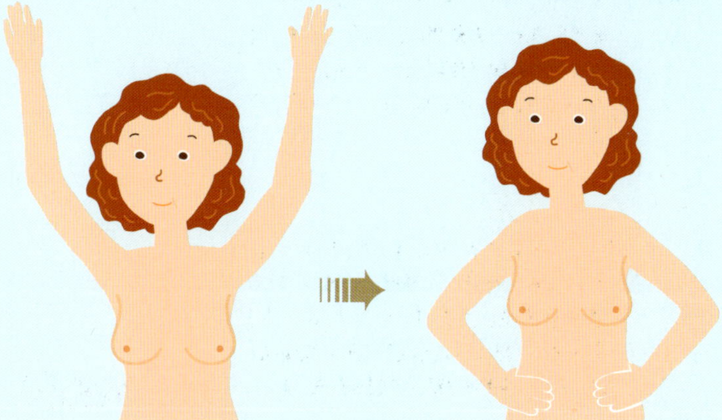

查的項目至少要含血糖值、尿酸及膽固醇等，以避免心血管疾病悄悄地上身。

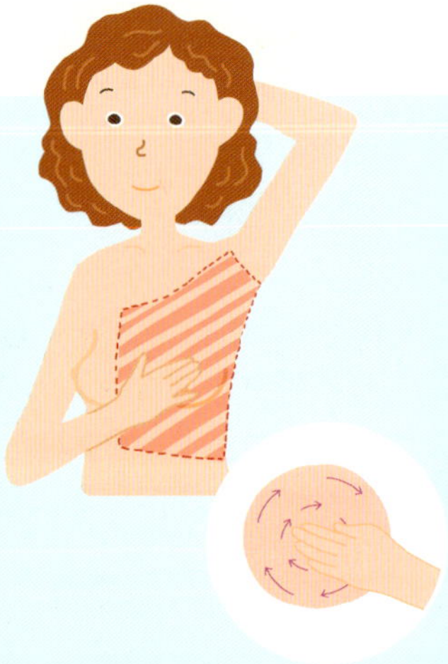

2 在浴室裡檢查

洗澡時將雙手抹上肥皂以便於滑動。一手置於腦後，以另一手的食指、中指、無名指的指腹來檢查，地毯式地檢查整個乳房範圍，別忘了檢查鎖骨及腋下淋巴結。以按壓，螺旋，滑動的方式進行。用大拇指，食指輕捏乳頭，按壓乳頭下有無硬塊，並擠壓有無分泌物流出。

3 躺著檢查

可用少量的潤膚油或乳液抹於雙手，便於檢查時的滑動。 躺下時將枕頭墊於左側肩下，左手置於腦後。檢查方式與在浴室裡檢查的步驟一樣，再以同樣方式檢查右側。

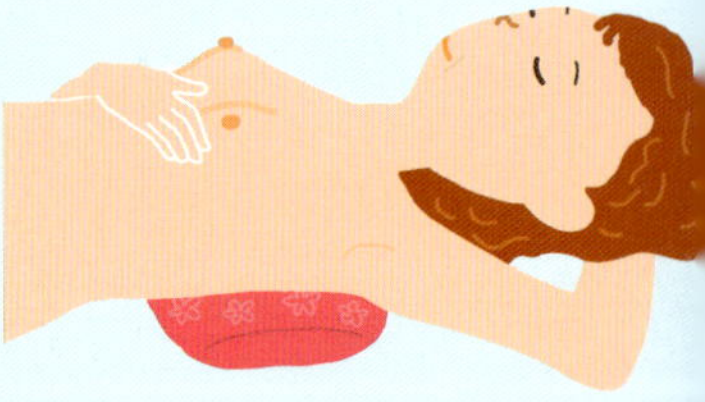

這樣吃，就不用怕更年期到來！

預防更年期症狀藥膳

女性在進入35歲以後，只要吃了「對的食物」，就能調理開始走下坡的生理機能。天然食材加上中醫的養生概念，助妳順利度過更年期。

・健康主食・

營養糙米飯

2餐份

材料： 糙米100克，黃豆20克，紅豆20克，薏仁50克。

作法： 將以上材料先行浸泡一晚後，放入電鍋中，可將手洗淨放入內鍋中測量，原則上讓水位到手腕關節的位置，然後蒸煮。

功效： 利關節、利水，預防神經痛。

小叮嚀

糙米、紅豆、薏仁都不好煮，所以前一晚要先浸泡。如果懶得事先浸泡的話，也可以在電鍋內鍋中放入冰塊，延長煮飯的時間。

素

翡翠黃金豆 2餐份

素

材料：黃豆130g，白蘿蔔泥200g，海帶芽50g，醬油適量。

作法：

1.先將黃豆以冷水浸泡1夜，洗淨後加入550cc水，以小火煮2.5小時。

2.白蘿蔔磨成泥後去除多餘水分；海帶芽以熱開水泡後撈起去除水分。

3.以上3種材料拌勻，淋上醬油即可。

功效：強筋壯骨、補充優質蛋白質，無肥胖之慮。

素

1餐份

青山白玉板

材料：菠菜200克，山藥200克，和風沙拉醬適量。

作法：

1.菠菜切段、川燙，放涼備用。

2.把山藥刨成如麵線一樣的細絲，與菠菜分開，置入盤中，最後再淋上和風沙拉醬汁。

功效：山藥入肺，也可以補肝腎、強身益氣，並含有植物性荷爾蒙；菠菜含有鈣質，可強筋壯骨，也可緩解關節痠痛、腸胃虛弱、四肢無力、預防更年期早發。

蠔油海參 2餐份

材料： 海參1條，香菇5朵，白果10顆，西生菜（如萵苣）半個，蠔油、醬油、橄欖油適量。

作法：

1.海參要先浸泡，泡完後切開，洗淨，切塊狀；白果以水煮軟；香菇泡過後去蒂，切成條狀備用；西生菜加點鹽川燙，預鋪於盤底。

2.起油鍋後，將海參、白果、香菇放入熱炒，快好的時候加入芶欠，加醬油、蠔油，放入盤中。

功效： 抗菌抗癌、補膠質，延緩衰老，可預防關節退化。

小叮嚀

海參可補腎益精，養血潤燥，含有軟骨素、膠質，又完全沒有膽固醇，所以很適合關節趨於退化的中老年人食用。

涼拌海蜇皮 2餐份

素

材料： 海蜇100克，海帶芽10克，黑芝麻50克，黑醋適量。

作法：

1.將海蜇用清水反覆清洗乾淨，切成細絲，用冷開水再洗，晾乾水分；海帶芽川燙熟後備用；黑芝麻洗淨，晾乾。

2.將海帶與海蜇一起拌勻備用。另起鍋，放點油，下芝麻炒，微飄香時即盛起，灑在海蜇絲上，加適量黑醋，調勻即可，隨量食用。

功效： 滋陰潛陽，化痰軟堅。可改善如頭暈目眩、烘熱汗出、五心煩熱、煩躁易怒、胸肋苦悶、口乾、血壓升高等症。

青龍百合 2餐份

素

材料：絲瓜1條，新鮮百合適量，枸杞11克。

作法：

1.絲瓜先削皮，對半切，鍋中放少許油，先炒絲瓜。

2.等絲瓜炒軟了以後，再放入百合，稍微炒一下，快起鍋時再放入枸杞。

功效：絲瓜可以清熱、滋潤，有很好的美容功效。百合有滋潤的效果，枸杞可以補肝腎、預防退化、清新美容。

小叮嚀

新鮮百合在傳統市場或超市中可以買到。新鮮百合吃起來脆脆的，而中藥房買的百合吃起來酸酸的，因為已經曬乾了。放入百合之後不要炒太久，否則會潤潤的，不好吃。

絲瓜麵線 2餐份

材料：絲瓜1條，枸杞子、嫩薑絲少許，麵線適量。

作法：

1. 絲瓜先削皮、切塊，備用。

2.起油鍋時先用嫩薑絲爆香，再放入絲瓜悶煮。快起鍋時再加入枸杞跟麵線。

功效：枸杞含有維生素A，可以清熱明目、養肝，可預防、改善更年期婦女眼睛乾澀、頭昏眼花。

素

小叮嚀

不要用老薑爆香，太辣會傷眼睛，即使是嫩薑絲也不要放太多。

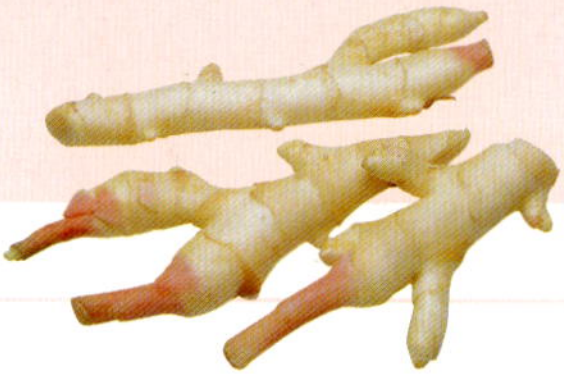

百合滋陰雜燴 2餐份

材料： 瘦豬肉50克，新鮮百合、白果各30克，蘆筍2支，蔥1支。

作法：

1.白果仁先泡軟後，開水川燙備用；百合剝片洗淨；蘆筍洗淨切段；瘦豬肉加鹽，以太白粉、醬油浸泡。

2.起油鍋，將肉先炒熟起鍋，再加油炒百合、白果仁、蘆筍、蔥。調味後，將熟瘦肉加入即可。

功效： 養陰清熱，寧心安神。可改善如體熱汗出、心神不定、失眠多夢、五心煩熱，或月經紊亂、經色鮮紅、量多或少等症。

小叮嚀

白果以飽滿、色黃為上選，保存時放在通風乾躁處，以防發霉。

優格沙拉 1餐份

材料： 小黃瓜一條，紅蘿蔔半條，西洋芹少許，黃玉米粒、葡萄乾、優酪乳適量。

作法：

1.先將小黃瓜刨皮，紅蘿蔔、西洋芹洗淨，切小塊、切段備用。

2.加入黃玉米粒、葡萄乾，最後可淋上優酪乳，或是沾取優酪乳來吃。

功效： 纖維質及活性乳酸菌可改善腸胃功能，葡萄乾可補鐵，預防便祕、肥胖。

小叮嚀

不建議怕胖的婦女在早上只食用這道沙拉，中醫認為早上要吃得好、有足夠的熱量，腦細胞才會活絡。建議將本沙拉當作晚餐的主食來食用，減肥的效益更大。

2餐份

決明子海帶湯

材料：熟決明子19克，海帶1條（或海帶芽）、蔥花、胡蘿蔔碎丁少許。

作法：

1.先將海帶刷洗之後備用；以1000CC的水煮決明子，約20分鐘。

2.之後把湯汁瀝出，以此湯汁煮海帶或海帶芽20~30分鐘，熟爛度視個人需要。

3.煮好之後，再將蔥花與胡蘿蔔碎丁放入。

功效：海帶上的膠質對預防骨質疏鬆、抑制高血壓有效，又可清肝明目、清熱。可預防關節退化、治療肝火上升、頭暈頭痛、高血壓。

小叮嚀

海帶芽的鈣質也很多，較海帶更容易煮爛，是職業婦女的好選擇。

素

雙豆排骨湯

3餐份

材料：黃豆100克，黑豆100克，豬排骨600克。

作法：

1.將以上材料洗淨，豆類先浸泡一小時，排骨川燙過。

2.將所有材料放入3000cc的水中，熬煮至豆熟即可。

功效：益氣補腎、強筋壯骨，可改善如腰膝酸軟、手足抽筋、下肢無力、倦怠耳鳴等症。

小叮嚀

黑豆表面有天然蠟質，會隨時間逐漸脫落。所以表面有研磨般光澤的黑豆就是放的時間久了，不要購買。

紫菜蝦米蛋花湯

1餐份

材料：紫菜10克，蝦米10克，雞蛋1個，蔥花少許。

作法：

將450cc水煮開，打入蛋花，再加入蝦米微煮後，關火，加入紫菜、蔥花調味即可。

功效：補脾益腎、強筋壯骨，可緩解如腰膝酸軟、手足抽筋、下肢無力、頭昏眼花等症。

1餐份

南瓜豆腐湯

材料：南瓜500克，嫩豆腐100克，香菜少許。

作法：

將南瓜切塊，蒸熟去皮，熟後放入果汁機打成濃汁，以此濃汁加熱，加入已切成塊的豆腐，再煮10分鐘即可，吃前加入香菜。

功效：補益脾肺、和胃生津，預防更年期倦怠乏力、口乾舌燥、食慾不振。

小叮嚀

南瓜只要放在陰涼處保存，約可放1個月左右，若是已經切開的南瓜，則要把籽去掉，以保鮮膜包好放入冰箱冷藏存放，約可保存2個星期。

紅茄豆芽湯 1餐份

素

材料：黃豆芽適量，大番茄1個，傳統芹菜1支，傳統豆腐1塊。

作法：

1.黃豆芽洗淨，大番茄切片，芹菜切小段，傳統豆腐切四方塊備用。

2.先煮黃豆芽，20分鐘後再放入番茄片與芹菜，再煮10分鐘，最後再放入豆腐，略為滾一下就可食用。本湯熬煮以後具有食材本身的甘甜味，可以不必調味。

功效：黃豆芽與傳統豆腐可補充大豆異黃酮素，還可補充鈣質，可預防骨質疏鬆、更年期症候群與抗老化。

小叮嚀

傳統豆腐是用黃豆磨完加石膏，石膏裡有一些礦物質加鈣質，所以如果要強調預防骨質疏鬆症的功效，就不能用一般的嫩豆腐。

窈窕瘦身湯 2餐份

素

材料：紅白蘿蔔各1條，香菇5朵，西洋芹菜1支，蒟蒻適量。

作法：

1.將紅白蘿蔔削皮，香菇泡軟，西洋芹菜切長條，放入鍋中一起煮。

2.煮個20分鐘以後，再加蒟蒻略煮即可。

功效：白蘿蔔可以消脹氣，胡蘿蔔有維生素A的成分，可以抗老化，西洋芹菜可以清血脂，蒟蒻無熱量，又可以增加飽足感，預防發胖。

小叮嚀

芹菜會使男性的精子數量減少，因此想要提升生育能力的男性，少吃芹菜。

縮泉湯 1次量

材料： 白果5個，覆盆子6克，小茴香2克，豬小肚1個。

作法： 把白果、覆盆子、小茴香塞入豬小肚裡，放入蒸碗中隔水蒸熟即可。

功效： 補肝腎、縮小便、預防更年期婦女小便多、漏尿、殘尿。

小叮嚀

1.豬小肚就是豬的膀胱，雖然滑滑的不好洗，但一定要洗乾淨喔。

2.小茴香不只中國人利用來養生，西方人也將之提煉成精油，是可以增添勇氣與力量的配方喔。

素

2餐份

椰汁紫米粥

材料： 炒過的紫糯米與玫瑰花共50克，薏仁100克，椰漿少許。

作法：

將微炒過的紫糯米與玫瑰花加入薏仁，熬煮成粥，快好時加上椰漿。

功效： 補脾益氣、清涼利水。可預防精神緊張、憂鬱、食慾不振。

小叮嚀

一次可將紫糯米半斤，玫瑰花15克，不要加油，放在鍋中微炒一下，然後裝罐儲存，可以分次取用來泡茶或煮粥。

2餐份

蘿蔔黑芝麻粥

材料： 紅白蘿蔔各50克，黑芝麻粉20克，米100克，楓糖或蜂蜜少許。

作法：

把紅白蘿蔔切成很細很細的細條，加上黑芝麻粉之後，跟米一起煮成稀飯，快好時可加一點點楓糖或蜂蜜。

功效：健脾胃，寬胸理氣。黑芝麻可補肝腎，也可預防白髮；可消除腸胃脹氣、便祕、便結。

小叮嚀

如果是平常容易便祕的人，就建議加上可以潤腸的蜂蜜。

素

1餐份

桑椹燕麥粥

素

材料：鮮桑椹30克，糯米60克，燕麥片 20克，冰糖適量。

作法：

將桑椹、糯米同時放入鍋中，加水1000cc煮粥，粥熟後加入冰糖、麥片，早晨空腹溫熱服食，1日1次。

功效：可預防腰膝酸軟、頭暈頭痛、經行不暢等更年期前期症狀。

小叮嚀

桑椹具有補虛、養血的作用，挑選時以果實大、紫黑色、長圓形者為佳，不過消化不良的人不宜多吃。

2餐份

龍眼蓮子粥

材料：龍眼肉、蓮子各15克，薏仁30克 ，紅棗（去核）5枚，糯米50克，白糖適量。

作法：

將龍眼肉、蓮子、薏仁、紅棗、糯米一起放入砂鍋，加水5碗，煮至爛熟成粥，加入白糖攪勻即可食用。

功效：養心寧神，健脾益氣。可改善如心神不寧、心悸、健忘、氣短懶言、面黃肌瘦、大便溏泄、食慾不佳等症。

素

素

紅薯飯

2餐份

材料： 紅番薯1個，蝦仁5克，香菇5朵，肉絲50克，米100克，蔥、芹菜少許。

作法：

1.蝦仁先泡軟，紅番薯削皮切成塊狀，香菇切絲，將肉絲加一點點的太白粉備用。

2.起油鍋，加少許蔥，將蝦仁、香菇、肉絲放入，加點鹽巴略炒，炒香了以後，再加入紅薯，米也略炒一下。

3.然後全部放入電鍋中煮，煮好後再灑上少許芹菜。

4.也可煮成稀飯，放香椿醬（有機商店可購得）。

功效：防止動脈血管壁彈性減弱、減少皮下脂肪堆積，預防肥胖症，是冬季優質的減肥料理。

小叮嚀

人到冬天會較想吃高熱量食物，這時候就可以吃紅薯。紅薯含醣、蛋白質、脂肪、維生素等，能增進健康，消除疲勞感，使人精力充沛，預防肥胖，且可使軟骨保持一定彈性。

· 抗老飲料 ·

健康酪梨奶

材料： 酪梨肉40克，鮮奶150克，市售布丁1/2個（5~10克），蜂蜜少許。

作法：

將材料都放入果汁機中打成汁。

功效： 可在早上飲用，當早餐。本飲品含有豐富的不飽和脂肪酸、維生素E，可補脾、益氣、健胃、抗氧化、養顏美容。對氣血虛弱、倦怠無力等症有療效。

小叮嚀

酪梨要選擇皮黑熟的使用，因為酪梨含有豐富的不飽和脂肪酸，不適合在晚上吃，以免變胖。

芹菜花草茶

材料：一般芹菜一支，金針花10克，桂花2克，紅糖適量。

作法：

將芹菜切細段，再連同其他材料都放入保溫瓶中，再放入500cc的熱水，喝前再加紅糖。

功效：清熱、涼血、理氣、解毒，可預防高膽固醇、高血壓。

美顏果汁

材料： 蘋果半個，柳丁1個，中型番茄1個，檸檬汁少許，酸梅粉少許。

作法：

將蘋果、番茄放進果汁機中打成汁，再擠入柳丁汁、少許檸檬汁，最後再加上一點梅粉。

功效：養顏美容、可抗氧化。可改善皮膚暗沈、夏日陽光曬後的美白、去斑。

小叮嚀

就中醫角度而言，柳丁能生津止渴解燥熱、舒肝理氣、通乳、消食開胃，富含維生素C，具保護細胞、增強白血球活性、抗自由基的功效。不過因其成分會影響鐵質的吸收，所以貧血者忌食，有風寒感冒、脾胃虛寒者也不宜多吃。

黑棗優酪乳

材料：黑棗汁30cc，優酪乳250cc，葡萄乾15粒，蜂蜜適量。

作法：將黑棗汁、優酪乳、葡萄乾放入果汁機中打，完成後再加入蜂蜜。

功效：養血益氣、潤腸通便。

蔬菜優格奶昔

材料：波蜜果菜汁60cc，原味優酪乳250cc，食鹽少許。

作法：將以上材料加入果汁機打勻。

功效：健胃整腸、強壯筋骨。

養生蛋奶

材料：新鮮蛋2個，鮮牛奶1000cc，白糖少量。

作法：將牛奶放入鍋中煮沸。把蛋去殼打散，加入牛奶中，文火煮至剛熟，加入白糖即可。

功效：補益氣血，養心安神，可改善如頭暈眼花、怔忡健忘、烘熱汗出、健忘失眠、心悸心慌等症。

黑木耳冰糖湯

材料：黑木耳10克，山楂5克，枸杞3克，冰糖少許。

作法：

黑木耳洗淨、泡軟，將上面的蒂摘去，撕成小片，連同山楂放入500cc的水中煮湯。煮20分鐘之後，再把枸杞子灑入，加入少許冰糖便完成。

功效：可益氣、補腎、活血、涼血。可改善血循環障礙、降血脂、預防高血壓、血管栓塞。

小叮嚀

研究發現，100克的山楂中含維生素C、維生素B、胡蘿蔔素等，都比蘋果高好幾倍，可說是營養豐富的一道藥材。不過在空腹、低血壓、脾胃虛弱、腸胃功能不佳時不宜食用。

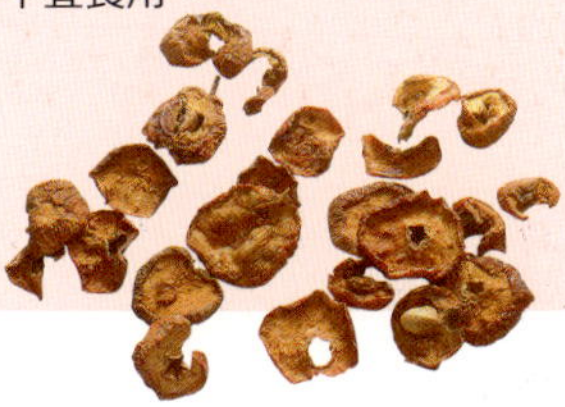

草莓牛奶

材料： 草莓6~8顆，鮮奶100cc，蘋果100克。

作法：

蘋果削皮切塊，連同草莓、鮮奶放入果汁機中打。

功效：可改善腸胃功能障礙、排便不易、維生素C缺乏症、養顏美容。建議在早上飲用。蘋果中的果膠可以調理腸胃功效，便祕、腹瀉的人都可使用。

小叮嚀

草莓要先浸泡鹽水，因為草莓需較多的農藥除蟲，一定要確實洗淨才可食用。

・營養點心・

燕麥高纖餅乾

材料：奶油125克，2號砂糖100克，全蛋50克，燕麥片100克，白芝麻100克，葡萄乾100克，牛奶50克，全麥麵粉250克，核桃80克。

作法:

1.先用蘭姆酒泡葡萄乾約10分鐘後，擠乾再切成碎末。

2.將奶油放置於室溫下軟化後，放入鋼盆中，加入二號砂糖攪拌均勻，再加入全蛋攪拌均勻成奶油糊。

3.將全麥麵粉、燕麥粉加入奶油糊中，拌勻後再加入牛奶，最後再加入葡萄乾碎末及白芝麻、碎核桃混合揉成麵糰。

4.將麵糰分成每個10克左右的小團，並搓成圓球狀，放入烤盤中用叉子壓平，刷上薄薄的蛋液即完成。

5.以180度烤15分鐘。

功效：含多種維他命、營養均衡，適合中年以後的人吃。

Chapter 4

四、調養篇

當女性進入更年期，女性荷爾蒙失調，
可能導致身體上的津液精血都會逐漸減少，
所以更年期中出現的許多症狀多與「乾燥」有關。
如骨質疏鬆症、乾眼症、皮膚搔癢等，
這些都是生理過渡時期會出現的常見現象。
只要在日常生活中好好調理，
不論是更年期症候群，
或是令人擔心的更年期病症，
都可達到改善或是預防的效果。

・更年期症候群

・更年期病症

・中醫師的私房配方

Chapter 4

失眠

更年期症候群 1 翻來覆去睡不著

更年期女性常因荷爾蒙失衡、或者情緒不穩定導致經常性失眠。不一定要依賴安眠藥，失眠也有生活中的調理辦法！

五十歲的羅太太，雖然知道自己可能因為邁入了更年期，所以許多發熱、盜汗、停經等不適的症狀才會一直接踵而來，現在她有新的困擾，不知為什麼近來常常失眠，想睡又睡不著，令她十分憂鬱。

失眠也跟情緒有關

其實，失眠也是更年期常見的困擾之一，患者的症狀通常會是睡到半夜又莫名醒來，意識模糊淺眠，沒有熟睡感，結果影響白天的精神，易感疲憊，做起事來也精神不濟。

更年期女性因為荷爾蒙不斷流失，身體變調失衡，或者因為情緒不穩定、心理的壓力、平時的生活習慣、作息不正常等因素，容易發生經常性的失眠。在中醫的觀點來說，在更年期因為身體失衡所導致的失眠，是屬於「心腎不交」、「心血不足」和「陰虛火旺」所引發的，

且以陰虛火旺的情況最容易引發失眠，這是因為腎陰不足不能上濟於心，心火亢盛所引起，與一般年輕人因為肝陽上亢、火氣上升或是憂思過度所引起的失眠症狀是不相同的。

按摩調養法
安心助眠

要徹底治療失眠，首先應該先探討出失眠的主因才行。透過「神門」、「三陰交」等主治失眠的穴位按摩，是減輕更年時期失眠困擾的最佳方法。

神門

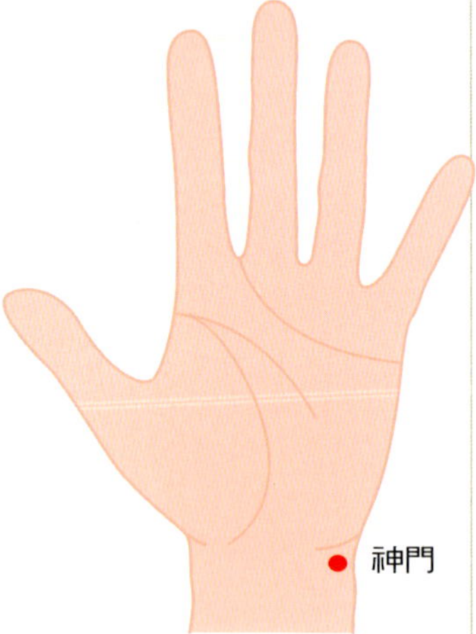

- **位置：**在手掌下方大橫紋的凹陷處，腕豆骨的後方。
- **按摩方法：**每天晚上睡覺前，用指尖旁邊的指甲，每掐5秒、停1下，左右二手都做，每回約做10次。
- **功效：**是治療失眠的常用穴，可以鎮心安神，主治心脾血虛、陰虛火旺、心膽氣虛、胃中不和型失眠，也可治療因憂慮引發的臟躁症、睡眠不安等。

三陰交

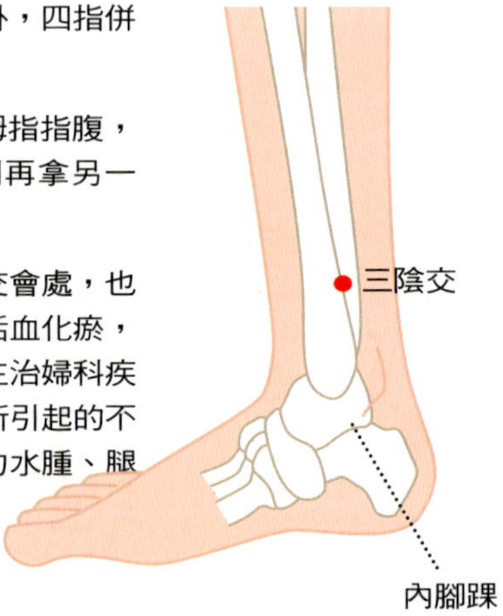

- **位置：**在腳內踝高點上三寸（除大拇指外，四指併攏的寬度），即脛骨內側面後緣。
- **按摩方法：**手掌環握後小腿肚，以手拇指指腹，斷續地進行拿捏，每次1分鐘　，先拿一側再拿另一側。
- **功效：**三陰交是脾、肝、腎三條經絡的交會處，也因此得名。有健脾攝血、補血育陰，也有活血化瘀，疏肝行濕的效果。除腸胃疾病外，它也是主治婦科疾病的要穴，可用來改善更年期荷爾蒙失調所引起的不適，包括失眠、心悸健忘、眩暈、下肢無力水腫、腿部痠痛、下肢靜脈曲張、下半身肥胖等等。

以天然食物趕走失眠

食物調養法

龍眼肉

《本草綱目》作者李時珍說：「食品以荔枝為貴，而滋益則龍眼為良，蓋荔枝性熱，而龍眼性和平也。」龍眼肉又稱「福肉」，微溫甘平，具有滋養的作用，既能補益心脾，又有養心安神的功效，經常被用於心脾兩虛的失眠、健忘、驚悸、怔忡等症。更年期時感到心臟無力、心悸或容易因煩躁而產生燥熱的人可以食用。

蓮子

蓮子又稱「建蓮」，性味甘、澀、平，具有養心安神、健脾補腎的功效。《本草綱目》中指出，蓮子兼調心脾腎，又不滋膩，可治療心悸失眠、口乾心煩、善清心火，常用於治療煩躁失眠，建議更年期容易失眠的人可以常吃蓮子。

蜂蜜

蜂蜜性味甘平，具有許多功效，除了可以潤肺止咳、潤腸通便、補益強體、緩急解毒之外，還能防治體虛乏力、肌膚乾燥、失眠健忘，更年期的女性可以多加食用！

❤ 失眠者請戒掉愛喝咖啡的習慣

失眠的因素固然有很多，但是為了盡早找出原因，平時也應該多注意自己的飲食習慣，例如，酗茶或酗咖啡的人不少，咖啡和茶葉的品種也很多，但是大部分的咖啡和茶都含有一定的咖啡因，容易導致失眠，所以建議更年期容易失眠的患者盡量不要飲用，若必須飲用時，也應選擇性平的花茶來替代。

酸棗仁

酸棗仁味甘酸、性平，歸心、肝、膽經。它是一種安神藥，可以養心益氣，兼具滋養強壯及斂汗的功效，用於改善因心肝血虛所引起的失眠、心悸。生、熟皆可食用，藥性和緩，更年期容易失眠的人可以多吃。

可幫助睡眠的營養素
營養素調養法

維生素B1

維生素B1是屬於水溶性的維生素，也因其和碳水化合物代謝有極大關係，在人體整體運作上，扮演著相當重要的角色，因此對於增強體力、消除疲勞、調節神經、改善失眠都有明顯的助益。維生素B1的最好來源是酵母、動物肝臟和小麥胚芽，紅豆、大豆、花生及豬肉中也含量豐富，更年期女性每日建議攝取0.8到1.1毫克。

鈣質

鈣是人體中最重要的一種礦物質，人體中的鈣大約有百分之九十九都會儲存於骨骼及牙齒中，其餘則負責維持神經系統的傳導功能。鈣質豐富的食物也有助眠與安定神經的作用，乳製品是最好的鈣質來源，另外，小魚乾及大骨湯、板豆腐都含有豐富鈣質。但要注意的是鈣質需要有維生素D的配合，才能被腸胃吸收和利用，而維生素D也可以藉曬太陽來促成人體自行合成，更年期女性每日建議攝取一千到一千五百毫克。

營養補充的換算公式

- 1mg（毫克）=1/1000g（克）
- 1ug（微克）=1/1000000g
- 1000I.U.（國際單位）=300ug

保持在休息狀態就好
日常調養法

建議遇到睡不著的情況時，無須太過焦慮，只要注意營造睡眠的氣氛就好。若睡不著時，看點書、聽聽音樂，或試著在腳邊放置熱水袋來溫腳，幫助血液循環；另外，調整入睡時的體溫，放鬆或自我催眠，只要告訴自己睡不著也可以保持在休息的狀態，放鬆心情，直到產生睡意了再入睡，反而可能因此而睡著喔。

Chapter 4

夜間盜汗

更年期症候群2 總是大汗淋漓，影響睡眠

夜間盜汗其實也就是熱潮紅的症狀，在夜間發生，引發睡眠困擾。它是一種生理現象，但也與妳的情緒息息相關喔。

五十歲的杜太太，已進入更年期的階段，最令她感到不適的症狀就是夜間盜汗！她頻頻訴說自己的困擾：「盜汗的情況總是突然就發生、難以預知，往往都是睡到一半覺得十分悶熱，驚醒時才發現已全身是汗，連衣服都濕了，所以常常必須起來換衣服，擦乾身體之後才能再睡……」。

為什麼會夜間盜汗？

更年期的婦女，因為女性荷爾蒙分泌失調，導致心情容易浮躁，經常會在頭部、臉部以及長毛髮的部位感到明顯發燙，身體上也會出現夜間異常出汗的現象。

熱潮紅發生時，因血管擴張，體表開始散熱，導致全身出汗，較常發生在凌晨三、四點，患者常常抱怨：「晚上常流汗、枕頭和床單都濕了」。夜間盜汗不同於一般的「自汗」，盜汗是專指在晚上入睡時，會莫明出汗的情況而言。這也容易造成睡眠中斷，導致隔日精神不濟、容易疲倦。

■夜間盜汗是造成更年期婦女睡眠品質不佳的重要原因，可按摩「合谷」、「通里」二穴紓解症狀。

按摩調養法
夜間盜汗不再來

合谷

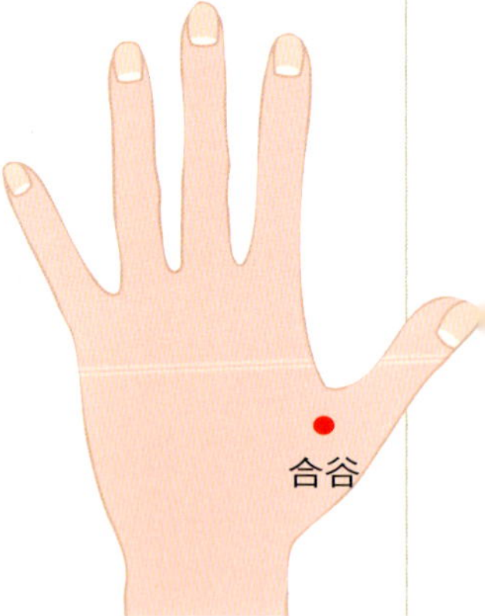

- **位置：** 以一手的拇指掌面，第二指關節橫紋，放在另一手的虎口處，屈指當拇指尖盡處即為穴點。
- **按摩方法：** 在手掌的虎口處，用指腹以掐1下、停1次的方式進行，連續掐5次為止。
- **功效：** 合谷又稱虎口，是治療氣虛病症的常用穴。它可治療手陽明經通路上的體表病症，為治療頭、面、眼、口、鼻疾病的重要穴位，故有「面口合谷收」之說。除了紓解更年時期夜間盜汗，對於頭痛、發燒、神經痛及腸胃不適、以及腦神經症狀、高低血壓、過敏性鼻炎等皆具療效。

通里

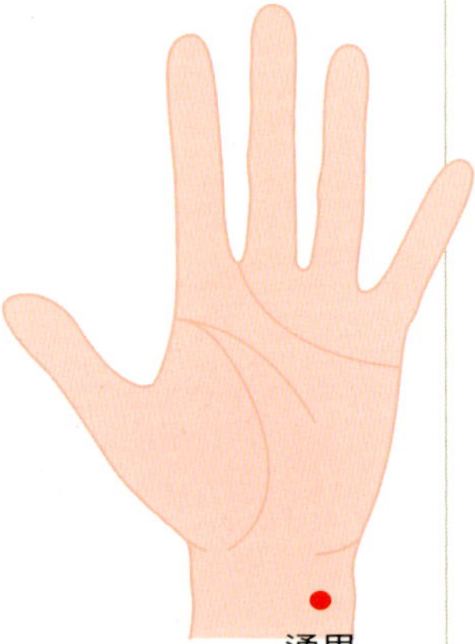

- **位置：** 掌心向上，手掌橫紋分成四等份，在靠近小指側四分之一等份的尺側腕屈肌腱邊，距腕橫紋上一寸。
- **按摩方法：** 以掐按方式刺激，每天數回，每回掐按7次。
- **功效：** 更年期的許多症狀與腎水不足、心火上炎有關，本穴可清心除煩、寧心安神、通心絡、開心竅、益心血等。

Chapter 4

以食物克服夜間盜汗 食物調養法

百合

百合味甘性微寒，歸心、肺二經，具有潤肺止咳及清心安神、養陰益氣的功效，用於盛夏、暑濕所引起的心煩失眠、心火肺熱所致的病症，咳嗽少痰、咳中帶血、久咳不癒的人都很適合使用；百合具有滋補營養、促進睡眠的藥理作用，能增強身體的免疫功能，可抗癌、防癌。

浮小麥

浮小麥別名又叫浮麥、麩麥。味甘鹹性涼無毒，入心經，具有澀斂止汗、養心益氣、退虛熱、利小便等多項功效，對於更年期間容易夜間盜汗及諸種虛汗症、骨蒸勞熱、失眠、臟躁症等皆有幫助。

牡蠣

牡蠣性微寒，入肝、膽、腎三經。含有碳酸鈣之類的成分，可以用來補充鈣質。兼具滋陰潛陽，收斂固澀、軟堅散結、鎮痛鎮靜、制酸健胃、止汗止渴等多項功效。主治胃酸過多、自汗盜汗、骨蒸勞熱、遺精、崩帶、心悸不安、煩躁失眠等症；臨床上常跟浮小麥一起使用，收斂的效果更強，以治療更年期的多汗症，對於肝陽上亢導致的煩躁不安、睡眠不好、高血壓，也都有效，但虛而有寒者忌用。

遠離夜間盜汗 營養素調養法

維生素E

◎核桃中含豐富維生素E

維生素E有較好的抗氧化作用，被稱為血管的清道夫，三十五歲以上的婦女最好每天都要攝取。建議多攝取天然食物中的維生素E，較益身體吸收。富含維生素E的食物有植物油、全麥全穀類、堅果類、豆類、蛋黃等食品。如果要使用補充劑，每天補充四百至一千國際單位。

維生素B群

年紀越大，體內器官都在老化，包括神經，因此很多人會抱怨神經

瘦、麻。這時，就要補充維生素B群。B群有健全神經的積極效果，在肉類、深綠色蔬菜與五穀雜糧等食物中，含量都相當豐富。如果要使用補充劑，每天約補充0.8到1.1毫克。

維生素C

維生素C具有抗老化、輔助鐵質吸收等作用，可以提振情緒、調適壓力、利於神經傳導。更年期的人攝取可促進膠原的生成，強化身體的結締組織，不易引起壞血病。

但因維生素C易在水中流失，故烹調蔬菜時要多加注意，富含維生素C的食物有柑橘類水果、番茄、青椒等蔬果。如果要使用補充劑，更年期女性每日建議攝取一百毫克。

日常調養法

紓解情緒是最好的方法

在中醫觀點裡，夜間盜汗算是「腎陰虛」型的病症，於是應該要用養陰清熱的方式來調養。

值得一提的是，更年期的夜間盜汗和作息比較沒有直接的關連，而是與情緒的關係較大，所以應該盡量保持心情愉快，採取正向思考。若情緒不佳、想要發脾氣，可尋找一些較無害的宣洩管道，例如聽音樂、外出散步、運動、到大自然走走、與朋友談心等等，採取無害的管道紓解，也可避免讓家庭承受更大壓力。

Chapter 4

頭暈頭痛

更年期症候群3 突然天旋地轉、噁心想吐

更年期的頭暈頭痛常常也是起因於荷爾蒙的波動。因此，除了生活中的調理之外，讓頭腦適度放鬆，也是必要的！

四十八歲的吳太太，天生體質虛弱，近來又時常發生偏頭痛，時常一陣暈眩，天旋地轉、噁心、想吐，為此不能專心工作，經常情緒不穩，下班回到家後也不再像以前那樣開心地為家人準備晚餐，動不動就亂發脾氣，搞得家人都跟著緊張兮兮，只好盡量迴避，日子久了，同住一個屋簷下，大家的感情卻逐漸生疏。吳太太感到沮喪和難過，自己雖然也不喜歡這樣的感覺，卻不知道該如何改善？

也是荷爾蒙惹的禍

雖然頭暈頭痛不只是更年期特有的症狀，但因為此時身體失調，也很容易引發頭痛。發生在更年期時的頭暈頭痛現象，與荷爾蒙分泌失調有關，情緒因此大受影響，一旦發生頭暈或頭痛的症狀，做起事來當然更是力不從心。

此時期頭暈的症狀，時而伴隨充血和閃光等現象，輕微的只會感覺頭部昏沉沉，但病況較嚴重的，就會時常感到天旋地轉，站都站不穩。

其實，頭痛的狀況也會隨著天氣左右變化，這時期的頭痛，也可能是因為老花眼所導致的眼睛疲勞而造成的，為了兼顧眼睛的健康，必要時也該主動接受眼科的診察。

按摩調養法 頭暈頭痛不見了

更年期頭痛頭暈，「腎虛」是本，但可利用按摩百會、太陽穴來改善，使頭部循環、腦細胞活絡。

百會

- **位置：** 在頭頂的正中央，位於左右兩耳的連接線與眉間的中心線交會處。
- **按摩方法：** 以指頭指端處，以按揉的方式來刺激穴道，每次進行大約2分鐘，可減少頭痛的發生率。切記勿施力過重。
- **功效：** 百會位於人體的最高處，所謂顛頂之上，能貫通諸陽經脈，故命為「百會」。主治肝火、肝風、肝陽上擾、邪熱上攻、外感風邪所引起的頭部疾患，也是治療中氣下陷常用的穴位。按壓此穴有提神醒腦的功效，對頭昏眼花、耳鳴、子宮脫垂、胃下垂等症狀，皆具療效。

太陽

- **位置：** 眼尾跟眉梢之間，向外一寸（約大拇指橫寬）的凹陷中，左右各一。
- **按摩方法：** 以食指指腹，以輕揉的方式，來回按摩大約5分鐘。但切記勿施力過重，避免產生反效果。
- **功效：** 凡屬風寒、風熱、風濕、瘀血、痰火、肝陽上亢或眼病、高血壓等所引起的頭痛，皆可局部取穴緩解症狀，也可減輕因為情緒和壓力所造成的頭痛。

以天然食物緩解頭痛 食物調養法

菊花

古籍有載：「久服菊能輕身，可延年益壽。」菊花辛甘苦微寒，含有氨基酸及微量元素，能幫助疏風、清熱、解毒，平肝明目，並改善肌膚乾燥、口乾舌燥、頭暈頭痛、及眼睛容易痠澀等毛病。

黑豆

五穀雜糧中含有豐富的營養素，對人們而言，除了是裹腹的良伴，對人體也有很多益處，在《周禮．天官．疾醫》中提到：「以五味、五穀、五藥可養其病」。黑豆和黑米都含有豐富的膳食纖維、礦物質、鈣、磷、鐵、維生素B群和不飽和脂肪酸等，可以改善貧血、頭暈目眩、體力不濟等症狀，亦具治血、利水、補腎明目等功效。

茶葉

茶葉性涼味甘苦，成分含有咖啡鹼、鞣酸、茶鹼、多種維生素、茶丹寧、芳香油、粗纖維、葉綠素、蛋白質和礦物質等，具有生津解渴、清熱解暑、利尿消腫、清肝明目、提神醒腦、增強記憶力等多項功效，可以改善更年期時容易發生的頭痛頭暈。

天麻

天麻辛溫無毒，入肝經，可促進腦細胞的循環和心情的鎮定，具有止暈、祛風定驚、鎮定止痛、通血脈、強筋骨等多項功效，還能改善頭痛眩暈、風濕痺痛、中風癱瘓、知覺麻痺、言語障礙、手足痙攣抽搐、神經衰弱等症狀。

可以鎮定神經 營養素調養法

維生素B1

維生素B1是屬於水溶性的維生素，有「精神維生素」的美譽，更有健全神經、紓壓與消除疲勞的積極效

果。像是肉類、深綠色蔬菜與五穀雜糧等食物中，都含有相當豐富的維生素B1。不僅能改善更年期間頭暈頭痛的毛病，對於肝功能較差或患有脂肪肝、肝炎的患者，也具有改善作用。更年期婦女每日需要量約0.8到1.1毫克。

維生素B12

維生素B12屬於水溶性維生素，是所有B群分子中最為複雜的維生素，具有鎮定精神的作用，文蜆、九孔等中含量豐富。B群和蛋白質、醣類、脂肪等的能量代謝作用有關，因此飯後服用效果較好。如果B12攝取不足，容易產生後遺症，例如：引發惡性貧血、骨髓變性、舌炎、神經症狀、四肢僵硬、易受刺激、困倦、精神不振……等。更年期婦女每日需要二毫克。

維生素E

維生素E可防止並清除血液中壞膽固醇的沉積，預防心血管疾病，並可提高免疫力、抗氧化，對生活在各種污染物中的現代人來說，是不可缺的營養素。富含維生素E的食物還有深綠色蔬菜、芡實、芝麻醬等食物，如果要使用補充劑，每天約補充四百至一千國際單位。

◎九孔中含豐富的維生素B12

日常調養法 讓腦袋好好休息

在更年時期，若持續發生頭痛，除了應先觀察身體還有無其它異常的現象之外，在心情上也應該時時保持輕鬆，別給自己太多的壓力，盡量將擾人的憂思排除，不要一直鑽牛角尖或用腦過度。

想要解除頭暈頭痛的問題，休息是必要的調養方式。然而，休息的時間絕對要夠長，該休息的時候要休息，該醒的時候也不可繼續賴床，不要熬夜或嗜睡，盡量讓身體在晚間十一點至凌晨一點間可以休息（中醫理論中，此時是黃金之眠，也是肝經運行的時間），每日午睡盡量保有二十分鐘至一小時內，平時行走或活動、動作也不要操之過急。

Chapter 4

更年期症候群4 忘東忘西怎麼辦?

記憶力減退

更年期階段性的記憶力減退，是屬正常的老化現象，因此只要確定不是病理所引起，就不要太擔心。

五十六歲的簡媽媽，逢人必談她年輕時的往事，說她以前無論是家人、朋友、親戚等人的電話號碼，都可以過目不忘，可見記性之好。但是近年來，鄰居們總覺得她十分健忘，連上菜市場都會忘了把買好的蔬果帶回來，時常也會忘記鑰匙放到哪兒？像變了一個人似的，因此她也很憂鬱地感嘆歲月不饒人，覺得歲數大了，好像就什麼也記不得了⋯。

腦細胞活動減退是主因

更年時期由於女性荷爾蒙分泌產生變化，腦細胞的活動率也會逐漸減退，進而影響到記憶能力。由於記憶力減退的困擾也經常發生在動脈硬化的老人身上，使許多更年期女性誤以為自己的記憶力減退，即為身體不正常的象徵，因此更加憂慮、煩躁，導致更嚴重的更年期心理障礙。其實，更年期階段性的記憶力減退，是屬正常的老化現象，所以如果察覺自己最近很健忘、腦筋時常迷迷糊糊、對事情老是猶豫不決的話，就代表妳也即將進入更年期。

按摩調養法
記憶力減退有辦法

要改善更年期間記憶力減退的問題，可多利用位於身體的最末端，有益腎、清熱開鬱功效的「湧泉穴」來按摩。

氣海

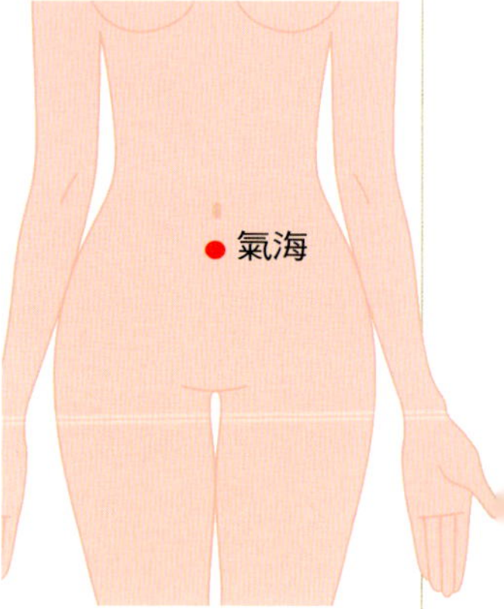

- **位置：**位在肚臍下方一寸半（比大拇指稍寬）的地方。
- **按摩方法：**以兩手掌重疊後按摩穴位，每日1回，每回按摩7次。
- **功效：**氣海為諸氣之海，有大補元氣和總調下焦氣機的作用。主治臟氣不足、虛憊諸症，具有增強元氣的功效，故前人依此生理功能和治療作用而命名。人體病理變化無不涉及氣血，氣血失調是一切疾病中最具普遍意義的一種發病機制，刺激氣海可調和氣血，防止疾病產生。

湧泉

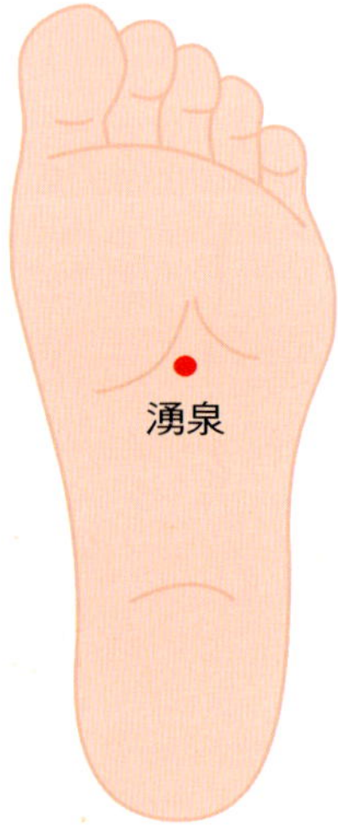

- **位置：**在腳底凹陷處的前方，約略可看到腳底肌肉形成的「人」字紋路，湧泉穴就位於「人」字紋的交叉部分。
- **按摩方法：**每日沐浴完畢之後，趁著血液循環較快時，以拇指指腹在穴位上來回地推，每回做5次，以傳送熱度，活化腦細胞。一次時間不宜拖太長，但需長期的重複按摩。
- **功效：**湧泉是足少陰腎經的起始穴位，腎乃先天之本，主生長、發育、生殖、也與人的衰老有關。刺激此穴位，有開竅啟閉、醒腦酥厥的功效。人的記憶力衰退與腦部老化有關，所以按摩此穴也要不間斷且持之以恆，方可防止老化、減少失智的可能。

Chapter 4

以天然食物補腦 食物調養法

核桃

核桃性溫味甘、健腦，可以主治陰血不足型的神經衰弱、記憶衰退、性功能減退等病症，還具有強腎補腦、益肝強筋、壯骨長壽、滋養血脈、增進食慾，對於更年期記憶力不良的人很有幫助。

枸杞

枸杞性平味甘，含有維生素B1、B2、C、菸鹼酸、核黃素等營養成分，具有補肝腎、益精血、養肝明目、降血糖、平血壓、利尿、健胃、潤肺等多項功效，可治療腰膝痠軟、頭暈目眩、除虛勞、咳嗽、髮鬚早白、視力減退、記憶功能減退等症。

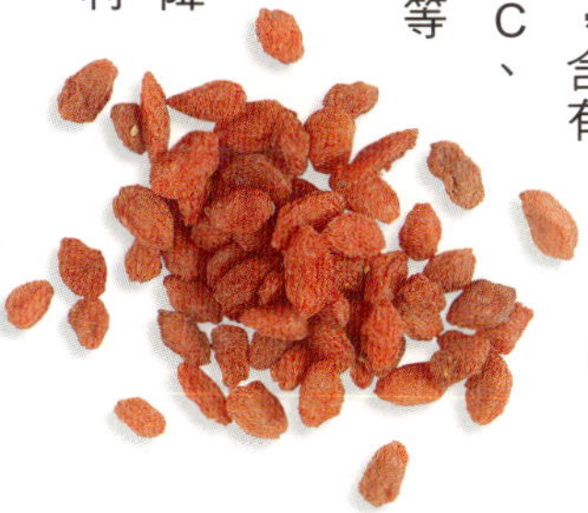

◎枸杞

改善減退中的記憶力 健康食品調養法

銀杏葉

銀杏葉正是中藥裡所稱「白果」的葉子。銀杏葉是青春不老的象徵，具有抗氧化及改善老年癡呆、記憶力衰退、心臟血管疾病等老年人容易發生的疾病，對於治療偏頭痛和降血壓都有不錯的效果，可以調整身體的免疫系統和增強抵抗力。服用時視需要而定，注意各家產品說明書、服用劑量等。

◎銀杏葉

人參

人參的名稱和種類有很多，人參含有大腦神經傳導最重要的物質——「乙醯膽鹼」，可以幫助改善記憶力不足、體虛倦怠乏力、新陳代謝不良、驚悸失眠等症，因此被中醫認定人參安精神、補五臟、定魂魄、增益智，並具有大補元氣、安定心神、增加智慧、抗過敏、調血糖與膽固醇等功效。但以人參作為進補藥材時，每次的量不可過多，以免造成反效果。更年期女性每日建議攝取量為三到十克。

◎人參

深海魚油

深海魚油含有豐富的EPA和DHA，這二種多元不飽和脂肪酸，能有效降低血液中的膽固醇和三酸甘油脂，對於預防血栓及降低高血壓都有不錯的效益，是一般人熟知的保健食品，此外，又因為DHA也是大腦組織、神經傳導和視網膜細胞的重要組成物質之一，所以也能用在改善更年期記憶力衰退的問題。服用時視需要而定，注意各家產品說明書、服用劑量等。

日常調養法

養成記筆記的習慣

更年期裡會有記憶力不良的狀況，只需以平常心去慢慢適應，不必過度憂鬱或擔心。平時可以替自己準備一本記事本，幫助記錄要處理的事情，再訓練頭腦常常思考，也可以多看書、學習玩遊戲，或邀三五好友打打小麻將。

只要可以試著把「運用腦袋思考」和「記錄要處理的事情」二件事分開運用，腦袋就不必一下子記這麼多東西，自然就能改善忘東忘西的毛病囉。

Chapter 4

情緒憂鬱

更年期症候群5 心情長期陷入低潮

更年期的憂鬱會導致生活不協調，甚至生理疾病，因此也要謹慎面對喔！

五十二歲的鄭媽媽已經停經半年多了，在更年期間也陸續出現過許多不適的症狀，近日來她時常一個人對著鏡子自艾自憐，無法接受青春不再的事實，想到子女都已長大，又離開家各自過生活，這一切生活的變化，時常令她感到很憂慮、急躁，種種的失落感接踵而來，每天都讓她過得很不快樂。

更年期是人生的「中少年期」

一般來說，女性比男性更容易產生情緒不安的現象，正因為女性有停經的症狀，當女性荷爾蒙失調時，就會有明顯憂鬱的徵兆。

其實更年期和青春期很類似，是一個變動很大的時期，人類發展學的文獻將這時期稱為中少年期（middlescence）。

這階段也是一個心理修復時期，可以重拾青少年時的認同危機，加以解決。並且，由於荷爾蒙的波動，也容易引發婦女回憶起許多陳年往事，

包括刻意遺忘的記憶與創傷。由於以「逃避」當成自身的防衛已不可行，成熟而有智慧的婦女需要更誠實、更忠實的面對自己，才能修復舊創痕，重啟生機，開展新生涯。

這時期，更年期婦女該將重心轉

回來照顧自己，在全然奉獻犧牲與成就自我之間取得平衡，這一點，視婦女自我成長的驅力，也有賴於其他家庭成員的支持。

心情憂鬱造成生理毛病

因雌性素不足，影響體內色胺酸（Tryptophan）在血漿中的濃度，也使得婦女易有憂鬱的現象。又因一連串生理症候，使得婦女恐懼、困惑，再加上心理、文化因素導致更年期的婦女身心失調，就會出現情緒不穩、緊張等，甚至性格改變的問題。有時，情緒症狀比其他症狀都還嚴重。

其實，生理和心理一直都是相互影響的。例如：急躁的心情容易引發熱潮紅，心理壓力可能變成憂鬱症⋯⋯等。這些心理因素所導致的生理問題，想要光靠藥物來改善並不容易，而且隨著年齡增長，器官退化的速度愈來愈快，身體中養分流失的速度也會加快。

中老年期是人生階段的圓熟期，雖然身體機能開始走下坡，但人生的歷練、判斷力反而代償性的提升，而且精力也可以很旺盛！因為確知有些責任已告一段落，人生可以重新規劃，對女性而言，更年期不僅是「失去」荷爾蒙，更是脫去束縛，讓女性探索更多人生的可能性！

心情不好，為何會想吃甜食？

許多證據顯示，人們陷入悲傷或憂鬱時會變得愛吃巧克力等甜食。這是因為甜食可以增加腦中的血清素含量，讓心情變得滿足愉悅。著名的抗憂鬱藥物「百憂解」便是以提高腦內血清素的含量來對抗憂鬱。

更年期婦女情緒起伏不定是常見的現象，而且是造成許多不必要衝突的重要原因。可以按摩內關、豐隆穴來平緩情緒。

按摩調養法
安定精神與思緒

內關

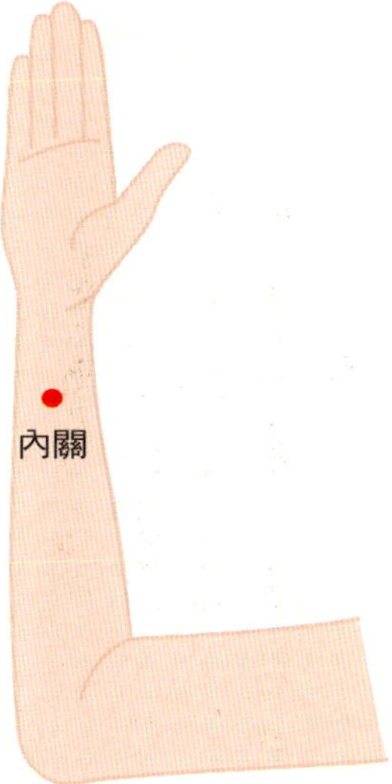

- **位置：** 仰掌，從手腕橫紋往上二寸（三指橫寬）的中間。
- **按摩方法：** 以拇指指甲切之，另四指托住手背，每次1分鐘，每天最多10次。
- **功效：** 可理氣散滯、通暢心絡、安心神、和胃止嘔。本穴主治心煩、心悸、心絞痛、心肌梗塞、臟躁、臆病等。按壓內關穴可以改善緊張情緒，月經失調等症狀，同時也能豐胸、促進胸部血液循環，更可改善更年期熱潮紅症狀發生時，所引發的心情煩躁、坐立不安等。

豐隆

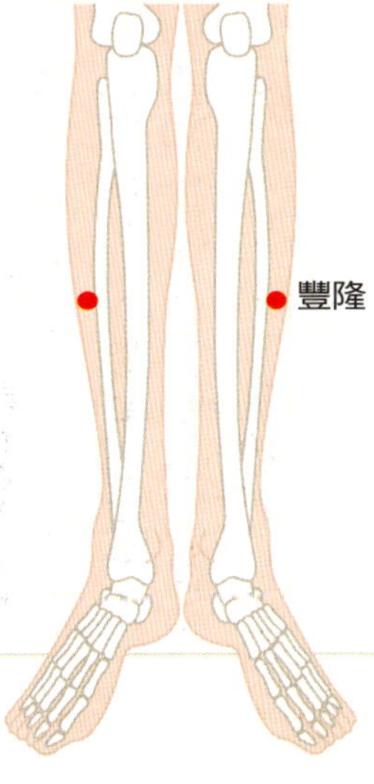

- **位置：** 腿伸直，本穴在踝間與膝眼之間的中點，距離脛骨有二拇指橫寬的位置。
- **按摩方法：** 以拇指指腹往足掌方向平推本穴位，每回10次，每日1回。
- **功效：** 可袪痰和胃、降濁，主治頭痛頭暈、心悸失眠、臟躁情緒病等。更年期的情緒憂鬱可能因脾虛痰聚、痰濕上擾、經絡阻滯或肝鬱化火、肝風內動所致，用豐隆可清降痰火，鎮心安神。

以天然食物提振精神
食物調養法

木瓜

木瓜性平味甘，含有豐富的蛋白質、醣、木瓜酵素、木瓜鹼、維生素B、C等，可將蛋白質分解為胺基酸，分解脂肪。木瓜本身的汁液具有幫助消化及強心活血的作用。在中醫書裡木瓜能收氣滯，利筋骨，去溼熱、消水脹，主治虛熱煩悶、乾渴、濕疹等病症，容易情緒悲觀和感到失望的人，也可以吃木瓜，提振精神。

燕麥

燕麥含有豐富的維生素B1、維生素E、多種微量元素及高量的鐵、鋅、鎂等礦物質。和其他的穀類比較起來，其脂肪含量是所有穀類中最高的，也富含有助調節血脂肪的單元不飽和脂肪酸，與人體必需的亞麻油酸及次亞麻油酸，可以有助於改善神經衰弱、預防貧血、促進傷口癒合等。

薰衣草

薰衣草具有減輕壓力、放鬆身心、改善憂鬱、不安、失眠、沮喪、心悸、驚嚇等功效，並且可以對抗因壓力所產生的焦慮、緊張等情緒，還有舒緩氣喘、支氣管炎、喉嚨痛、傷風感冒、發炎、消化不良等療效。

玫瑰花

玫瑰花略帶甜味，很能使人產生幸福的感覺，因此玫瑰可以撫平心緒、提振精神、紓解緊繃的情緒，讓人遠離沮喪、壓力、緊張和煩憂，擁有愉悅的心情。玫瑰也具有調節經期、促進心血循環、改善貧血、使肌膚恢復彈性、抗皺保溼、淡化斑點、減輕更年期不適症狀等功效，亦可促進荷爾蒙分泌，改善性冷感的症狀。

Chapter 4

可紓解情緒的營養素
營養素調養法

維生素C

維生素C又稱抗壞血酸，屬水溶性的維生素，極易在小腸、皮下組織、腹腔內被吸收，吸收後養分會揮發至全身。維生素C的食物來源相當多，如西印度櫻桃、柑橘類水果、番茄、青椒等蔬果中均含維生素C。最重要的是，在體內製造多巴胺、正腎上腺素時，維生素C是重要成分之一，可以提振情緒、調適壓力。維生素C還具有抗老化、輔助鐵質吸收等作用，更年期的人多吃，可促進膠原之生成，但因維生素C易流失在水中，故烹調蔬菜時要多加注意，切莫過度高溫，以免流失。更年期女性每日建議攝取一百毫克。

泛酸

泛酸又稱作維生素B5，是人體細胞必需的物質，一旦缺乏便會影響荷爾蒙的分泌、導致腎上腺衰竭、脾氣變得暴躁、容易焦慮、情緒低落、暈眩、疲勞、胃痛、血壓低等等。泛酸廣泛存在於動物性的食物，如：肝臟、蛋黃，豆類中也含有豐富的泛酸；更年期的人要經常補充泛酸，以幫助身體的新陳代謝。

更年期女性每日建議攝取四到七毫克。

以平常心看待更年期
日常調養法

常言道：「女性的生命繫於姣好的容貌和輕盈的體態。」進入更年期的人，因為女性荷爾蒙的分泌減少，經常感到力不從心，在情緒的反應上，也時常覺得很容易煩躁，做什麼事都提不起興趣，這些都是常有的現象。

建議更年期的夫妻應該多體恤正在經歷身心轉換階段的另一半。進入中老年，代表有更充裕的時間及較好的經濟能力，做自己想做的事。夫妻間也可因共同經歷人生許多事後，產生更深的親密感。

更年期症候群 6 突發性的臉紅心跳

熱潮紅

約有3／4的更年期婦女都有熱潮紅的現象，除了女性荷爾蒙之外，心情的好壞，也會影響此症發生的頻率與輕重。

李媽媽從四十七歲開始月經次數減少，心想應是到了更年期吧。她經常在空氣不流通的地方或者在炒菜的時候，就容易發生心悸和臉上熱潮的症狀，會突然出現在胸口、雙頰等部位，會感覺熱熱的，因此十分困擾。

症狀、頻率變化不一

更年期的熱潮紅，是因為女性荷爾蒙忽然減少，身體的自律神經處於一種不穩定的狀態，血管會突然之間收縮或是放鬆，所引起的血管舒縮症狀，約有四分之三的更年期婦女曾有這症狀發生。

熱潮紅的症狀，會隨個人的體質而有所不同，發生時間也會因人而異。有人先是從胸口開始燥熱，然後向頸部四周蔓延，而後是臉部或手足發熱、心跳加速、心悸不適；有的人會滿頭大汗，需要不停擦拭；有的人只是臉上熱潮紅，但腳踝和腳尖附近卻感到冰冷。熱潮紅有時候也會伴隨頭暈、頭痛、噁心、及嘔吐等症狀。

熱潮紅出現的頻率也不一，有的人是數天一次，有些人卻一天數十次，每次會從三、五秒鐘到十幾分鐘不等，而延續的時間也不定，從數月到數年都有。熱潮紅有時會發生在夜裡睡覺時，突然感到一陣急促的心悸、盜汗。其實，熱潮紅跟天氣及血管的擴張都有關係，尤其在天氣熱的時候，症狀通常會比冬天來得更加嚴重。

心悸和熱潮紅一樣，有輕重之分，發作嚴重時會伴隨身體抖動，最後全身無力瀕臨昏厥。心悸是交感神經和副交感神經不平衡所致，所以在精神緊張、或情緒激動時容易誘發，另外，工作過於忙碌的職業婦女也較容易有心悸的狀況。

按摩調養法
緩解潮紅潮熱

由於熱潮紅與心悸症狀的發生，跟血管的擴張息息相關，中醫認為這是屬於水衰火旺、心胸躁動，所以要改善更年期所發生熱潮紅和心悸的不適，建議可以針對「大陵、膻中、太衝」等心經與肝經的穴位，進行按摩。

膻中

一指禪推法怎麼作？

手握空拳，使拇指位於食指第二節處，用拇指指腹或邊緣著力於穴位上，然後沉肩垂肘，手腕懸屈，運用腕部的前後擺動帶動拇指關節的伸屈，以協調、持續的力量作用於經穴上。

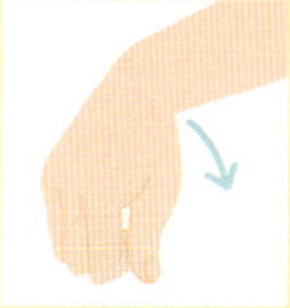

- **位置：** 位於左右兩邊乳頭的正中點與胸骨中線的交接點，按下去會感到疼痛的地方。
- **按摩方法：** 以一指禪推法，循經絡，推穴道，緊推慢移數次，然後試著深呼吸。
- **功效：** 膻中「氣之會穴也」，以其穴位在胸中，故可治療心、肺、胸、膈、乳、咽等病症，臨床上多用於寬胸利膈、理氣通絡，故可治療心悸、胸痛、胸悶、呼吸不暢、乳腺炎，配穴得當，也可用來豐胸呢。

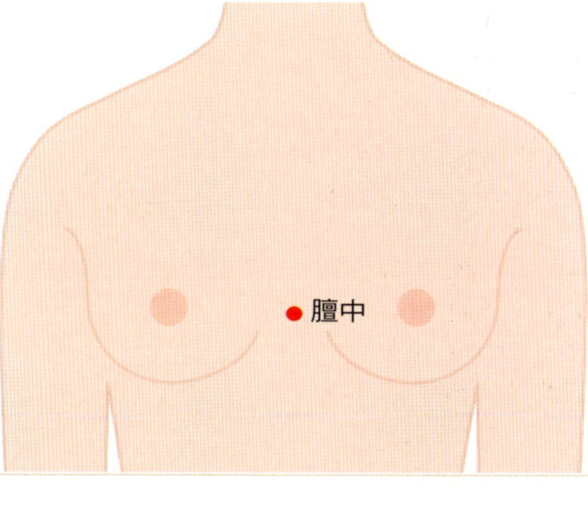

大陵

- **位置：**手握拳用力時，手腕關節後會浮出二條筋，本穴就是位於手掌下方橫紋上與二條筋中央交接的凹陷。
- **按摩方法：**以手指指腹按揉，按揉時應要持續1分鐘，每日數次。
- **功效：**此穴可以清熱涼血、鎮靜安神、通暢心絡，主治臟躁、心悸、失眠、心絞痛等。它可以治療陰虛火旺、心神不寧、或心氣不足所引發的潮紅、心悸等症。

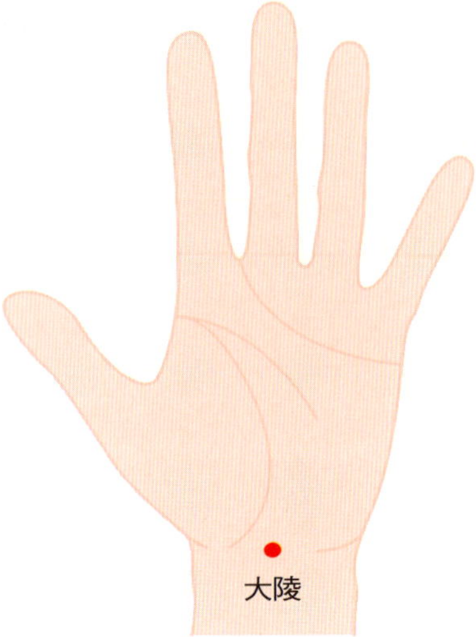

太衝

- **位置：**從腳的大拇趾與第二趾的趾縫之間，往腳背方向約二寸（二指橫寬）的距離，略呈凹陷的地方。
- **按摩方法：**利用屈指的掐法和指甲的切法，針對穴位進行點按，每回10次，每日1回。
- **功效：**太衝是肝經原穴，有理氣疏肝、平肝熄風，也能養肝血，並有通暢經絡之功，主治肝氣、肝火、肝風所引發的病症，如肝氣鬱結造成的胸悶煩躁，肝火上升造成頭痛頭暈、失眠，肝風內動所引起的高血壓等。

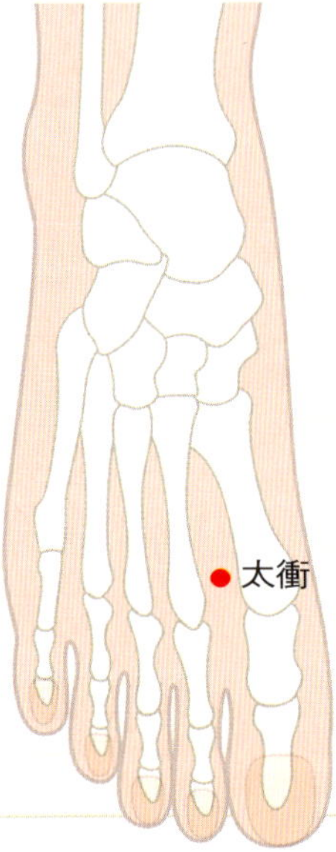

Chapter 4

可緩解熱潮紅、心悸的食物
食物調養法

黃花菜

黃花菜為金針葉一種，性寒味甘，含有豐富的營養，如蛋白質、脂肪、碳水化合物、鈣、磷以及胡蘿蔔素、核黃素、礦物質等。具有清熱涼血、利濕、安神明目等功效，適合更年期容易發生熱潮紅及心悸的人食用，一般都是食用乾品，不吃新鮮者，這是因為新鮮黃花菜含秋水仙鹼，會造成中毒，所以不能生食，如果要吃新鮮的黃花菜，置於水中至少浸泡一小時，或用開水燙後擠汁食用。

蓮藕

生蓮藕性寒味甘，熟蓮藕性溫味甘，含豐富水分、碳水化合物和豐富的維生素，生食可以治療熱痰傷津、口渴吐血、小便赤熱等症；熟食對脾胃虛弱、消化不良、食少腹涼及血虛症等都有療效。可清熱生津、除煩，也可養氣調血、安神，對於壓力大的人有減壓、消除緊張的效果。

草莓

草莓性涼味甘酸，含豐富果糖、葡萄糖、檸檬酸、果膠和維生素B1、B2、C及鈣、磷、鐵和鉀，主治肺燥乾咳、津少口渴、食慾不振、消化不良、氣血不足及口舌生瘡等症狀，且具健胃解酒、益氣養血、涼血清熱等多項功效。

與熱潮紅說拜拜
營養素與保健食品調養法

大豆異黃酮

大豆異黃酮是一種植物性賀爾蒙，又稱為植物動情激素，是一種天然賀爾蒙，可由大豆類製品如豆腐、豆漿等食品中攝取。對於熱潮紅、失眠、躁動、憂鬱、無力、關節肌肉疼痛、心悸等更年期症狀，有明顯改善效果。若要以膳食補充劑補充，建議每人每日參考攝取量為四十毫克，症

◎黃豆含有豐富的大豆異黃酮

狀較嚴重可攝取至七十毫克。各大藥局及藥妝店多有販售大豆異黃酮素，這些保健食品價格合理，約在七百到一千元左右。

月見草油

月見草是一種在夜晚綻放花朵的植物，由月見草所提萃出來的月見草油具有保護肝臟、改善高血脂症狀、預防脂肪肝形成等功效。能夠緩解人體發炎、過敏等症狀，改善經前症候群、治療偏頭痛、改善異位性皮膚炎和乾癬、降血壓，亦可解除紅腫熱痛的不適。但是服用癲癇藥物的病患及乳癌患者，或有乳癌遺傳可能的婦女，絕對不可以服用月見草油，以免延誤病情或引發乳癌的發生，請在醫師的指示下服用。更年期女性每日建議攝取一千毫克到三千毫克。

日常調養法
注意控制體溫及室溫

熱潮紅的症狀，會隨著個人的體質而有所不同，但也時常伴隨著心悸等不適的症狀而來，為避免症狀突然發生時，不適的時間過長，建議更年期的人要保持心情愉快，別讓自己時常處於煩躁的情緒中。若身體部位發生不適，可以馬上拍打涼水幫助散熱，減輕症狀。平時盡量正常作息，也要避免接觸熱源，並保持環境的乾淨和通風，在密閉的室內也可利用空調，以降低熱潮來時體溫過度升高的不適。

Chapter 4

更年期症候群 7 不明原因，有如螞蟻上身

皮膚搔癢

皮膚搔癢也是不少更年期婦女的困擾，只要確定並非疾病所引起的症狀，是可以採用一些小祕訣來改善的！

四十八歲的邱太太，月經二、三個月都沒有來，近來發現臉上還多出好幾條皺紋，皮膚變得比以前更乾燥、粗糙，時常還會出現有如螞蟻在身上爬行的搔擾感，可是左看右看也看不出哪邊有被蚊蟲叮咬的痕跡，邱太太很納悶這些不明原因的發癢狀況，於是下定決心來求醫，經過診斷後，她才知道這些問題原來都是更年期造成的。

皮膚變化的困擾與影響

婦女在進入更年期之後，因為皮下的膠原蛋白和女性荷爾蒙分泌減少，會讓皮膚產生二種變化：

1.皮下脂肪減少：脂肪就像是器官的彈簧墊，多存在腎臟、肝臟和心臟的四周。在皮膚下面也有一層薄薄的脂肪，又稱作皮下脂肪，可以保護肌肉和神經。而隨著身體逐漸老化，皮下脂肪減少，皮膚會漸漸失去彈性，相對也會增加不少皺紋。

2.皮脂薄膜減少：皮膚表面因有皮脂分泌所形成的薄膜，才會顯得柔滑濕潤，如果失去了這層保護膜，皮膚中角質的水分就很容易蒸發，而導致粗糙乾裂，嚴重的還會有龜裂現象，有時也會產生不明原因的癢刺感，若不小心抓破皮之後，還可能導致感染細菌、化膿。

在這個時期裡，若發癢是因疾病引起，必須先接受治療；若是因皮脂薄膜減少而導致發癢的問題，可試著調整自己過於緊張的情緒，應可使病狀減輕。有時嚴重發癢會導致失眠，可以詢問醫師尋求解決辦法。另外，透過控制飲食通常也可以得到某些程度的改善，因此，更年期的人，平時應要注重攝取均衡的營養。

按摩調養法
消除皮膚搔癢

更年期皮膚乾燥現象，中醫認為都是屬於「陰虛血燥」的症狀，所以應要針對「血海」、「太谿」二個穴位進行按摩，可以清血熱、補腎水；或是也可以按摩「曲池穴」，用來幫助清表皮的熱症，改善皮膚表面的搔癢難耐。將此三穴道搭配按摩，可以有效紓解皮膚症狀的不適。

太谿

- **位置：** 位在腳踝內側與肌腱連線的中點，也就是在內腳踝骨頭突出部分的正後方。
- **按摩方法：** 以手指指腹，來回以輕揉的方式進行按摩。1天只需按摩1次就好，每次按摩5～10分鐘，讓局部微熱即可，時間不宜過長。或以拇指與食指拿捏足跟後的阿基里斯腱內緣，每日1回，每回7次。
- **功效：** 補腎氣、益腎陰、健腦髓、疏經活絡，有強筋壯骨的功效。主治生殖泌尿、內分泌、中樞神經系統及眼睛等疾病。臨床上用來改善腎臟功能、月經失調、不孕、遺尿、高血壓、虛勞健忘、足跟痛。更年期女性可以此穴滋腎陰、保水分，可改善皮膚乾躁問題。

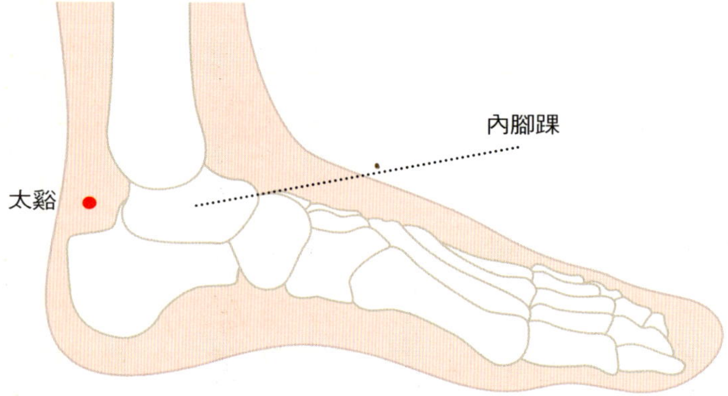

曲池

- **位置：** 將手掌抵住胸口，彎曲手肘時，手肘關節會產生橫紋，曲池穴就位於肘橫紋外側凹陷處。
- **按摩方法：** 以手拇指指腹，從橫紋尾端往外側推，一天做10次。
- **功效：** 是治療與風邪有關的皮膚病常用穴。與血海相配按摩，有抗過敏的功效。主治神經性皮膚炎、過敏性紫癜、皮膚搔癢症等。

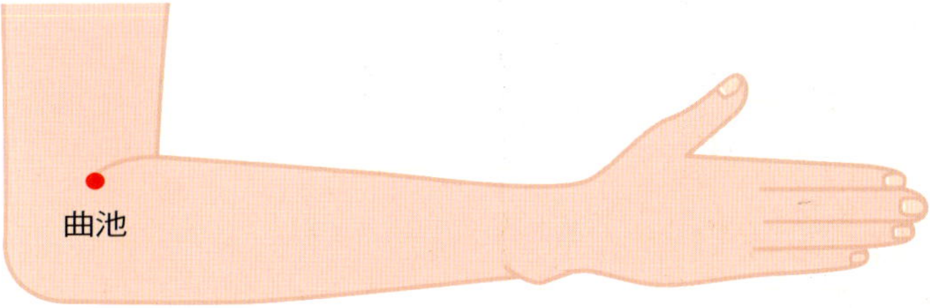

血海

- **位置：** 在膝蓋骨的內側邊緣往上二寸（三指橫寬）的地方。
- **按摩方法：** 以手掌進行拍法，1天1次就好，每次拍10下，時間不宜過長，以皮膚微紅為度。
- **功效：** 血海有益脾攝血、生血養血、健脾去濕、化濕去濁的功效，主治濕疹、 皮膚搔癢、蕁麻疹、牛皮癬、月經失調、崩漏等症狀，並可有效改善血液循環，對女性更年期時皮膚易因血虛風燥，或陰虛血燥所出現的乾燥搔癢，可從按摩此穴達到體質上的調節改善。

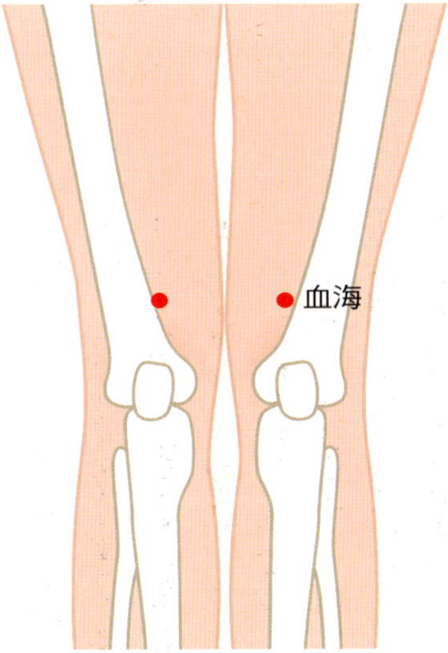

以天然食物克服搔癢食物調養法

黑芝麻

具有滋陰潤燥的功效，除了可以留住肌膚中的水分，也兼具滋潤腸胃道的功效，維持排便順暢，毒素就不會囤積，皮膚自然就會比較有光澤。中國古籍中認為吃黑芝麻可以返老還童、長生不老，因此有「仙家食品」之稱。

水梨

具有清熱養陰、生津潤肺的功效，因水梨之中含有豐富的維生素、蛋白質、糖和微量元素，很適合更年期皮膚乾燥的人多吃，梨也具有降低血壓、緩解心悸、耳鳴的功能。

白木耳

含豐富膠質、維生素和十餘種胺基酸，具有滋陰潤肺的功效以及養胃生津的作用，多吃白木耳不僅可以製造肌膚裡的水分、改善口乾舌燥的症狀，還能讓關節中的黏液增加，維持關節活動力，但是白木耳一定要煮熟才能食用，因為生的新鮮白木耳含有一種感光物質，不慎生食容易造成日光性皮膚炎，選用時要多注意。

可緩解搔癢的營養素

營養素調養法

維生素E

更年期間因為女性荷爾蒙不斷流失，容易造成婦女皮膚的乾燥和併發許多不適的症狀，為了減輕身體的負擔，建議可多補充天然維生素E。維生素E具有強大的氧化作用，有改善面容枯槁、延緩老化、強化免疫系統、預防心臟血管疾病和老年癡呆症等功效。維生素E很容易從食物中攝取，來源有植物油、全麥全穀類、堅果類、豆類、蛋黃等食品。

更年期女性每日建議攝取四百到一千國際單位，視需要量而定。

維生素A

維生素A屬於脂溶性的維生素，在黃綠色的蔬菜水果、動物內臟、蛋黃等食物中的含量較高，一旦缺乏維生素A，除了容易罹患夜盲症之外，皮膚也容易角質化而變得更粗糙。不過維生素A攝取過量會累積在肝臟裡，形成肝毒，造成肝臟的負擔，更年期的婦女，應按照醫師指示補充適當的劑量，以延緩皮膚和皮下黏膜的變化。更年期女性每日建議攝取二千國際單位。

維生素C

維生素C主要具有抗氧化並增進免疫系統的功能，有效抑制致癌物質與黑色素的生成、延緩老化、對抗壓力、消除雀斑、保持皮膚彈性、不鬆垮、具美白肌膚、美容的效果，可以讓更年期的婦女，更加青春不老。更年期女性每日建議攝取一百毫克。

不要省略保養肌膚

日常調養法

因為雌性素和荷爾蒙會在更年期間流失，很多更年期女性在冬天時特別容易出現皮膚乾燥、搔癢的不適狀況，這個時候，務必要多注意皮膚的保養。要經常補充水分及油脂，保持皮膚的溼潤，避免每天洗澡使用肥皂，以防過度去除皮膚的油脂。在洗澡之後也要多塗抹含有保溼及添加油脂成分的乳液。

性生活失調

又是女性荷爾蒙缺乏惹的禍。雖說逐漸邁向老年，但此時卻是夫妻間更親蜜的大好時機喔。

五十歲的周太太，因為更年期不適而開始拒絕先生的性要求，但她先生為了要求太太能夠配合，寧願幫太太分擔所有家事；在外人看來，她的先生真是個好體貼的模範丈夫，但卻沒有人可以了解周太太為了配合房事，所需忍受的痛苦和壓力，這一切讓她苦不堪言，甚至想要離婚以求解脫…。

生理與心理的交叉影響

對於一個即將停經的婦女來說，更年期所帶來的影響，除了外貌，最重要的便是來自女性荷爾蒙下降所造成的身體改變。

雌性素影響乳腺及脂肪組織分佈，缺乏雌性素造成乳房萎縮，組織因失去彈性而鬆弛，肌肉韌帶鬆弛支撐力不足，導致乳房下垂。女性荷爾蒙降低、肝醣減少，使得子宮、卵巢、大陰唇和陰道內的黏膜都會逐漸萎縮、變薄，陰道口變狹窄、彈性變差，陰道也無法正常的分泌滋潤的液體，陰部會比較乾燥，陰毛減少，因而性生活的快感降低，甚至有性交疼痛的現象，又因為陰道環境的改變，造成局部感染的機會升高，當婦女有這些狀況時，便會顯得性趣缺缺。

種種不適，免不了會使更年期婦女開始對性生活的反應逐漸冷淡，夫妻之間便可能因為彼此的性需求無法配合，而感到難過自責、產生過大的心理壓力！

更年期間性生活的不協調，凸顯了進入更年期時，男女雙方溝通和體恤的重要性。雖然關於性事的問題，總是讓人難以啟齒，但是與其強忍著身心的不愉快，不如尋求專家諮商，找出適合自己的對應法才好。

按摩調養法
讓性生活更美滿

更年期的性生活障礙是因為腎精、腎水不足所引起。透過按摩下丹田的臟精要穴與腎俞穴按摩，將可獲得改善。

關元

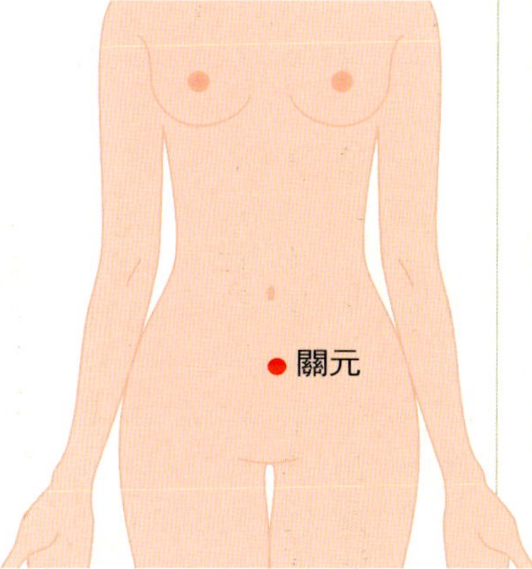

- **位置：** 位於肚臍下方三寸（約四指橫寬）的正中線上，可仰臥取穴。
- **按摩方法：** 以艾條熱灸穴位，來回灸15~20分鐘，每隔週1次。
- **功效：** 關元位在下丹田，為經氣運行的開端，可治療生殖及泌尿系統疾病。「類經圖翼」中論述，此穴當人身上下四旁之中，所以又名大中極，是男子藏精、女子蓄血之處。主治諸虛百損，對腎虛泄瀉、遺尿水腫、腰痛虛勞、月經失調、不孕、性功能障礙都有療效。

腎俞

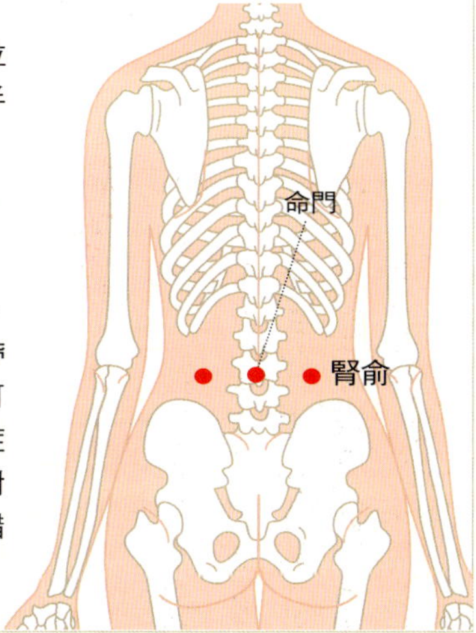

- **位置：** 位於十二肋下與髖關節上緣的中間位置，或是從肚臍對到後背的命門穴旁開一寸半（比大拇指稍寬）的位置，左右各一。
- **按摩方法：** 晨起時兩手掌心相互搓熱後，置於腰部腎俞穴處，每日做18到36次。
- **功效：** 可補腎益精、強壯腰膝，主治頭暈、耳鳴、脫髮、消渴、女性月經失調、不孕帶下、子宮脫垂等。本穴還可以消除水腫、並可改善腰痠背痛、下肢無力、坐骨神經痛等症狀。本穴為腎臟經氣輸注膀胱的重要部位，對於因腎虛所引發的更年期頭暈頭痛，也有不錯療效。

以天然食物滋陰補陽
食物調養法

山藥

山藥含黏液性蛋白質，有益氣補脾、固腎益精、潤肺化痰等功效，對於脾胃虛弱、腎虧遺精、頻尿、婦女白帶、糖尿病皆可幫助改善，近年來又被發現對於改善更年期衰老及性生活失調，也相當有助益。

韭菜

韭菜又稱起陽草，味辛、性溫，不像辣椒、薑、大蒜那樣的刺激。《本草拾遺》裡說：「在菜中，此物最溫而益人，宜常食之」，說的就是韭菜；而李時珍也說：「韭葉熱根溫，功用相同，生則辛而散血，熟則甘而補中。」韭菜具有溫腎固精的功效，常被用於治療腎陽不足之陽痿、遺精、尿頻、遺尿等症。食用後可以增加血液循環，更年期手腳常冰涼的人可以多吃。

栗子

栗子性溫味甘，含有胡蘿蔔素、核黃素、脂肪、維生素B、C、鈣、磷、鐵等多種營養，具有補腎強筋、健脾止瀉、滋陰補陽、強壯筋骨、化瘀活血等功效，主治筋骨疼痛、腎虛、腰腿痠軟等不適症狀，對中老年性生活失調也有改善之效。

改善性生活不適
健康食品調養法

胎盤素

胎盤素就是中醫口中的「紫河車」，是取自婦女生產後的胎盤；胎盤中含有多種荷爾蒙，如性腺荷爾蒙、類下視丘荷爾蒙與腦垂體荷爾蒙等等，可幫助更年期女性調理體質，

◎紫河車（胎盤素）

促進肌膚細胞的再生與活化，並解決因為荷爾蒙分泌不足所引起的老化或不適症狀。因人類胎盤的安全性仍有疑點，現常使用動物胎盤。更年期女性每日建議攝取三到五克。

蜂王乳

蜂王乳能刺激體內腎上腺素等某些重要的荷爾蒙分泌，對於因為身體老化所導致的荷爾蒙分泌量減少，而引起新陳代謝、情緒、性功能等障礙，皆具有調節和改善的作用，因此常被用來改善婦女在更年期的不適症狀。對男性性功能耗弱方面，也有助益。更年期女性建議每日攝取十克。

天仙茅

天仙茅的別名又稱作肥仙茅、波羅門參、仙茅參，味辛苦而甘，性溫有小毒。主肝、腎二經脈，能促進腎上腺皮質的分泌，具有壯陽暖精、散寒除痺、潤肺化痰、鎮靜健脾等多項功能，但陰虛火旺或有熱症、常流鼻血的人不宜食用，食用前務必經過醫師診斷以確保安全。每日服用3.7至11.2克，不宜長期服用。

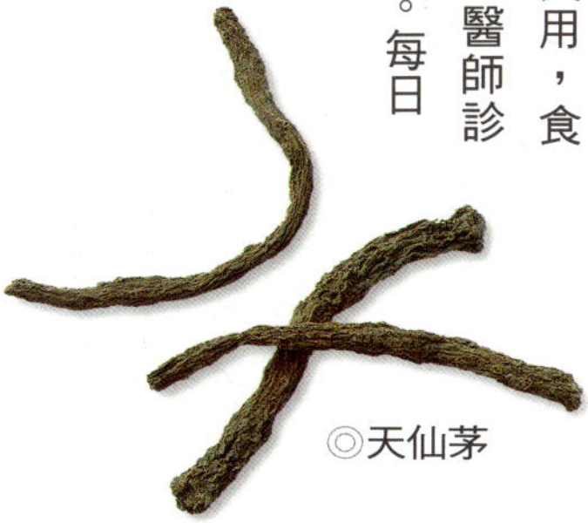
◎天仙茅

放心享受性生活 日常調養法

此外，女性對於性愛的態度也會影響生理的反應。如果認為性是髒的、羞恥的，或目的只在傳宗接代，或是婚姻中不得不盡的「義務」，自然會影響求醫的意願，在遭遇困擾時，也很容易想要放棄。

但其實生理的困擾都有辦法可以解決。例如針對陰道乾燥的問題，可以使用陰道潤滑劑來改善，妥適安排房事的時間也很重要，若夜間比較疲勞，會降低性慾，就不要安排在睡前。而且也要注意陰道衛生，以免因陰道的異味而影響了房事。

另外，如果問題出在老公身上，在眾多研究中，男性性功能障礙，多半是心理因素引起的，較少是因為老

化因素。但若是問題無法解決，仍可以求助於專業諮詢，或到男性泌尿科、中醫科就診，經由醫師來治療、調理。

許多醫師及學者指出，更年期以後由於沒有懷孕的後顧之憂，可以不必顧慮避孕的安全性，而且子女多數已離家，也不用擔心隱私性的問題，所以，換個角度來想，轉換一下心情，尤其是對於性的排斥態度、與伴侶間的關係，更是可以藉這個機會檢視一下。總之，注重氣氛，培養愉悅的情緒，在更年期裡享受更自在、更「性」福的二人世界，可是老年生活的一大幅氣！

熱灸可以助性？

在中醫的角度認為，要改善更年期性生活上的障礙，可以使用艾條熱灸的方式，直接在艾條上點火之後，對著穴位隔些微距離加以刺激。利用艾條上的熱氣，在關元、腎俞、太谿穴位（穴位位置見160頁、155頁）上來回燻15~20分鐘左右。一條艾條可用四回，建議每週燻一次。

肥胖症

更年期病症1 胖起來，要人命！

許多更年期婦女都有「中廣」的趨勢。中年發福不僅是美觀上的問題，更可能構成健康上的隱憂，因此請想辦法減肥吧。

四十六歲的林太太，年輕的時候是個苗條的女人，吃再多東西也不會胖，很多人都羨慕不已，說她很有口福，也稱讚過她的身材長得勻稱又好看。但是，一進入更年期，她的外貌竟開始有了變化，體重逐年緩增，臀圍和腰身都比以前寬了三寸，連手臂也逐漸長出蝴蝶袖，臉上的肌膚已不再緊緻，曲線不再迷人，愛美的她很不習慣這些改變，因此心情大受影響。

代謝降低，引發肥胖

歲月是體重最大的推手，多數女性會在四十歲之後出現肥胖的趨勢，發現食量未增加，但體重卻逐漸上升，腹部、臀部等處脂肪堆積明顯，腰上多了一層救生圈，而大腿、肩膀也易有脂肪堆積。根據統計，更年期女性肥胖症的發生率甚至高達百分之七十~八十。

女性在更年期發胖的主要因素，與卵巢功能衰退，雌性素和雄性素分泌驟降有關，這使得身體代償性地累積脂肪，以增加雌性素和雄性素分泌。女性荷爾蒙的分泌減少，使代謝率逐漸降低，此時的代謝率約比年輕時減了百分之十到百分之十五，而且

能量轉換成脂肪的效率也提高，形成了人體肌肉體積逐漸減少，體脂肪卻逐漸增加的現象。加上多數人中年以後就會逐漸失去活力，不愛運動，因此便慢慢構築出肥胖的陷阱。

這類型的發胖，要直到更年期停經之後的一年，身體重新找到新的平衡，代謝進入穩定狀態時，才會逐漸平衡，回復到身體該有的體重。

此時期的肥胖還有一個特徵，就是局部肥胖。很多婦女總是抱怨：「不想胖的地方都會變樣」，例如：手臂、大腿內側、腹部等，但是「想胖的地方更不會如意」，例如：乳房會因雌性素的減少而下垂。

肥胖症狀也可能是因為甲狀腺功能低下或其他疾病引起，若有其他不適或異常時，應就醫檢查，以確定是否有其他疾病因子。

中年婦女肥胖可能產生的身體危機

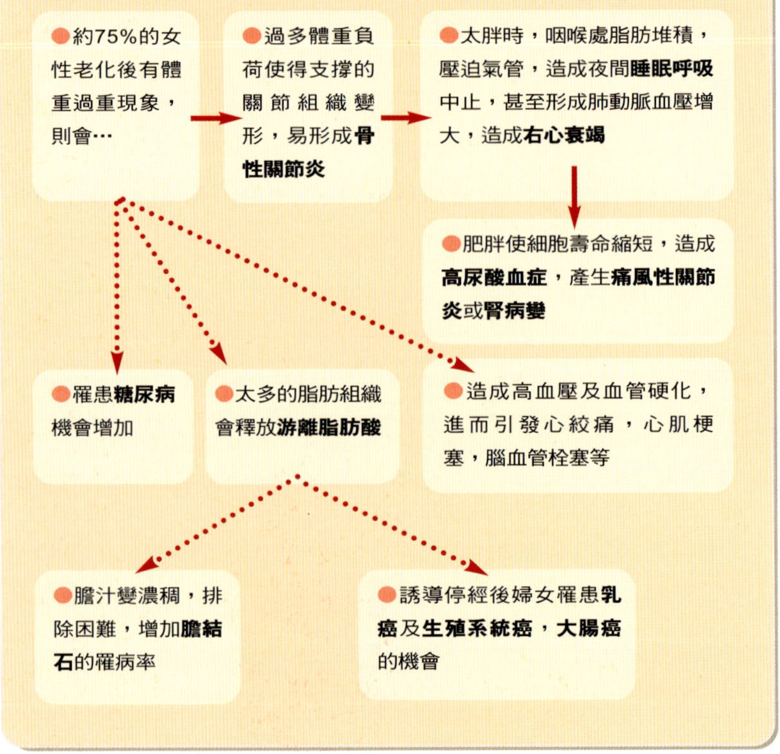

維持體重為首要工作

維持體重的正常是更年期婦女重要的功課，但是節食減肥絕對不是好方法，節食會讓代謝更緩慢，使降下來的體重很快又長回來，造成溜溜球減重效應，甚至愈減愈胖。適時、適量、適當的飲食，並且適度運動是維持理想體重的不二方法。

醫學上有太多的案例證明，愛美的女性很容易因為身體外型的改變，連帶影響生理和心理，使情緒更加憂鬱。因此最重要的是保持體重的平衡，不要讓體重一下子升得太快，就比較不用擔心瘦不下來的問題了。

妳該減肥了嗎？三種檢測指數告訴妳！

腹部脂肪若堆積過多，有水桶腰者，產生糖尿病、膽結石、乳癌、心臟病、中風…等多種慢性病的機會也隨之增加。有些指標可以讓婦女自行評估健康風險：

1. BMI指數

擔心自己是不是過胖的人，可以算算妳的BMI指數自我檢測一下。BMI指數即是「身體質量指數」，可以測出妳體內的脂肪量、肥胖度，目前國人的BMI標準值已修正為22，可視為自身健康狀況的一種指標。

- BMI指數的計算方法：體重（公斤）/身高平方（公尺）^{2}
- BMI指數正常值：18~24間

2.腰臀比

腰圍／臀圍，理想值為0.8，一般小於0.8就可稱為健康，大於0.85就容易誘發疾病。所以一個臀圍36寸的婦女，腰圍大於33.15寸表示有危險，小於28.8寸是進入良好的範圍，若是剛好25.16寸就是最理想的腰臀比了。

3.體脂肪率

體脂肪率是指身體成分中，脂肪組織所佔的比率，需用體脂肪計測量。30歲~69歲的男性體脂肪標準為17~23%，女性同年齡層標準為20~27%，太高的體脂肪率是各種慢性疾病的導火線。

更年期的肥胖多半是荷爾蒙失調所造成的腎虛現象，因此要改善更年期肥胖症的困擾，所取的穴位應要配合「肝、脾、腎」三條經脈的穴點，利用穴位來改善血液的流動，促進新陳代謝。

按摩調養法
促進代謝速率

四滿

- **位置**：以仰臥的方式來找，本穴位於肚臍以下二寸（三指幅寬）旁開半寸處（1/2的大拇指寬）。
- **按摩方法**：此穴調節任脈，又因位置較大，建議用雙手掌以掌腹來回推揉的方式進行按摩，最好在洗澡時一併進行，藉由肥皂和水的溼度來潤滑幫助順利按摩，每次約做5分鐘。
- **功效**：可改善腹部的血流，避免腸子及下腹部產生脹滿的狀況，使更年期因為腎虛而發胖的婦女，小腹變得更平坦。

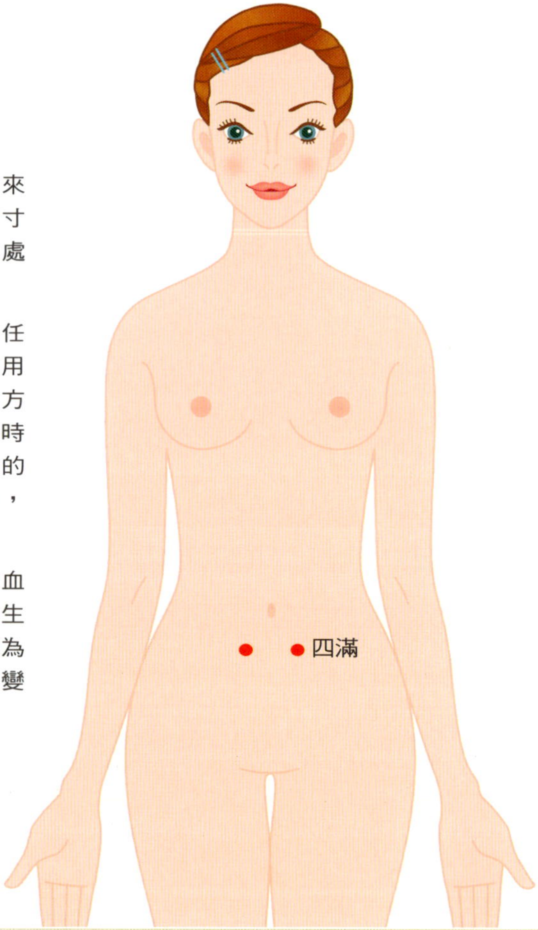

列缺

- **位置：** 兩手虎口相交，一手食指壓在另一手的側面骨頭突起處（即橈骨莖突）上，食指尖端到達的凹陷處。
- **按摩方法：** 於穴位上用指頭兩側的指甲來回輕微擠掐，每回大約做20次。
- **功效：** 中醫認為，列缺穴是手太陰肺經的絡穴，可以通調任脈，除改善咳嗽、牙痛、慢性支氣管炎、手臂痠痛麻痺、頭頸疼痛及鼻子方面的症狀外，對於因任脈虛、太衝脈衰所引起的更年期肥胖，也有不錯的調理功效。

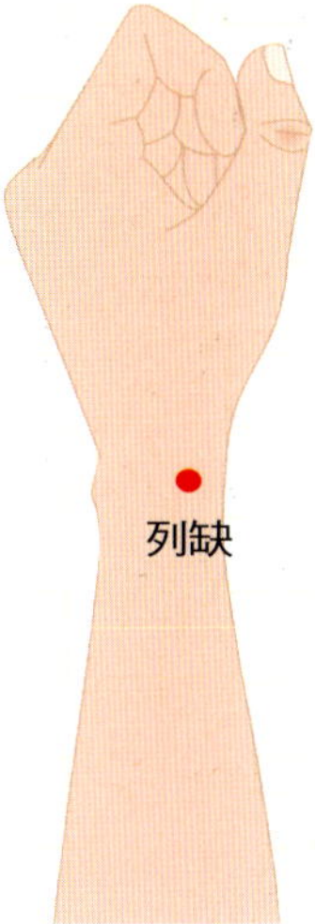

三陰交

- **位置：** 在腳內踝高點上三寸（除大拇指外，四指併攏的寬度），即脛骨內側面後緣。
- **按摩方法：** 以手指指端，使用「點按法」，在穴位上點按7次，左右兩側都要做。
- **功效：** 三陰交是脾、肝、腎三條經絡的交會處，有健脾攝血、補血育陰、也有活血化瘀、疏肝行濕的效果。它也是主治婦科疾病的要穴，更年期可用來改善因荷爾蒙失調所引起的不適，消除腫脹、改善下半身肥胖等症狀。

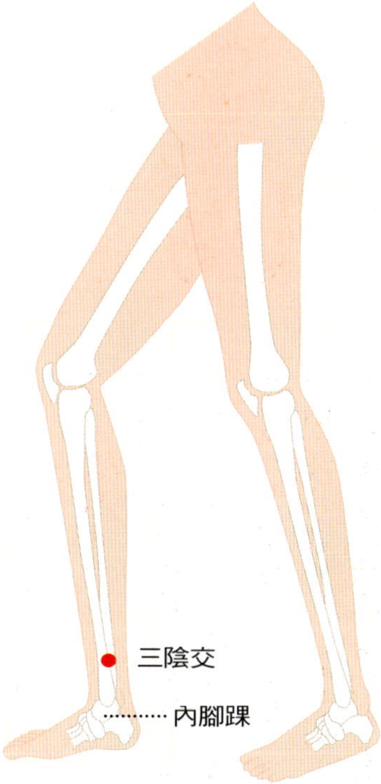

好好動一動 運動調養法

更年期間，最好養成每週至少做二到三次戶外運動的習慣，並持續一個月才會看見效果，平均每個月會瘦一~二公斤。有氧運動，在運動完後會增加體內的含氧量，使身體感到神清氣爽，非常適合更年期的朋友。所以建議每二天進行一回「游泳」或「水裡有氧」運動，每次實行約二十~三十分鐘，可以明顯改善各種更年期先發性症狀的不適。在運動之前要進食少許的食物；運動完之後一小時內，只能喝溫開水，不能吃有熱量的飲食，更不能吃冰冷的東西，這樣才能享瘦喔！

以天然食物去油 食物調養法

竹筍

竹筍含豐富纖維素、蛋白質、碳水化合物和胺基酸，可以治療食積、不思飲食、腹脹、高血壓等病症，也可幫助消食健胃、清熱解毒、利尿消腫、降血糖，有更年期肥胖困擾的人可以多吃。

綠豆芽

綠豆芽含有許多維生素B1、B2，還有胡蘿蔔素、尼克酸和蛋白質。可以治療濕熱鬱滯、食少體倦、水腫等狀況，可改善容易囤積脂肪的體質，具有清暑熱、調五臟、通經脈、利尿除濕，解酒熱毒等多種作用。

白蘿蔔

白蘿蔔性涼味甘，含有維生素A、C、鈣、磷等豐富營養，主治消化不良、噁心反胃、口乾舌燥、酒醉哮喘、咳血、皮膚炎、食積脹滿等症狀，白蘿蔔所含的醣化酵素、木質素具抗癌防癌的功效，芥子油能刺激腸

胃蠕動、幫助消化、脫水利尿、保持身段苗條。

降脂、減重小尖兵
營養素、健康食品調養法

維生素C

維生素C一方面可防止膽固醇附著於動脈，同時又有增加好膽固醇、減少壞膽固醇的作用。而好膽固醇擔任清道夫的角色，可預防動脈硬化的產生。一千毫克的維生素C可以減少五個雞蛋的膽固醇。更年期女性每日建議攝取一百毫克。

維生素B2

是把脂肪燃燒變成熱能的維生素，可以預防因食用過多脂肪製品而導致的肥胖。牛奶是維生素B2含量最豐富的食品，動物肝臟也富含維生素B2；以成年人來說，每天吃五十克的動物肝臟便能滿足需要量，另外核果類中的杏仁、黑豆、紅豆、綠豆、芝麻也是補充維生素B2的極佳來源。更年期女性每日建議攝取1.1毫克。

甲殼質

甲殼質又稱幾丁質，其來源是從甲殼魚類，如：螃蟹、蝦子等外殼的成分中萃取出來的，目前多被利用於各種減肥錠、減肥餐包或高纖食品中，更年期身材肥胖(血脂肪、膽固醇過高)者可以食用。甲殼素是以「減脂」為主，進而「減重」，吸附且排除食物中的脂肪，減少體內脂肪的生成與累積，進而促使人體燃燒原本累積的脂肪。唯需注意的是甲殼質在吸收脂肪時，也會一併帶走脂溶性的維生素A、D、E、K，並不適宜大量或長期使用。劑量視需要而定，請注意各家產品說明書、服用劑量等。

酵母

酵母是一種活的真菌類，有鮮酵母與乾酵母之分，是營養完整的保健食品，含有豐富的蛋白質和維生素B群、多種礦物質，不但能幫助消除疲勞、紓緩壓力，還能維持神經系統的健康。根據研究，啤酒酵母也能活化

腦部傳導物和腦細胞，並藉由間接刺激內分泌系統的作用，降低更年期間的肥胖發生率。此外，啤酒酵母有豐富的膳食纖維，可幫助大腸蠕動，解除便祕的危機，有利於減重排毒喔。劑量視需要而定，請注意各家產品說明書、服用劑量等。

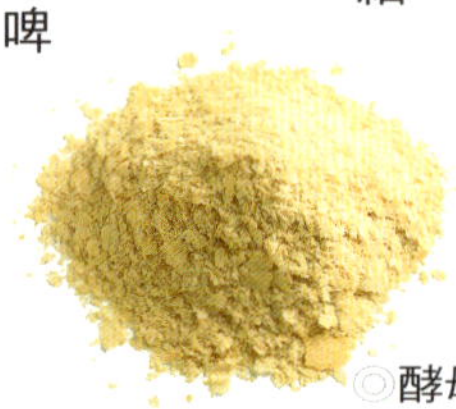

◎酵母

飲食習慣要改變

日常調養法

一到更年期，人就容易發胖，這是個不爭的事實，所以，在更年期建立起良好的飲食習慣是十分重要的。良好的飲食習慣如下：

1. 維持三餐正常，用餐時間、食量不要落差太大，三餐之外不要吃零食或宵夜。
2. 飲食攝取以三低一高「低鹽、低糖、低熱量、高纖」為標準，日常所吃的食物，多選擇清淡和天然粗糙的飲食，少吃加工食品和油脂高的食物。
3. 飲食中讓蔬果攝取比例增加，減少肉蛋的攝取比例。
4. 自我管控食慾，不能再像年輕時那樣不忌口慾，或是繼續擔任家中剩菜剩飯的「清潔隊」。

Chapter 4

心血管疾病

更年期病症2 要小心預防的突發性疾病！

更年期後，少了女性荷爾蒙的保護，罹患心血管疾病的可能性大增。因此對於此時期的身心症狀，要以謹慎的態度求證，不可輕忽。

五十三歲的賴太太，近兩年來常常無緣無故突來一陣心悸，胸口疼痛得幾乎要喘不過氣來。但因為家族沒有任何心臟病病史的先例，所以她並未詢醫求診，總以為只是自己生活太過緊張的緣故。直到去年冬天，賴太太心悸的症狀竟然愈來愈頻繁，而且愈發疼痛，家人送她去看醫生，才知道原來是更年期女性荷爾蒙失調所導致的症狀。

退化的血管讓心臟跟著生病

由於女性荷爾蒙能改變血液中膽固醇的濃度，對心臟血管系統具有保護作用，而更年期女性因荷爾蒙的分泌降低，血中膽固醇、三酸甘油指數升高，高密度脂蛋白（HDL，好的膽固醇）減少，低密度脂蛋白（LDL，壞的膽固醇）濃度上升，這些血脂比例的改變會促成血栓。血栓的形

成將會造成脂肪堆積在血管壁，而發生動脈硬化、心臟血管疾病以及腦中風等病症。

血栓是主要發生在血管壁的病變，當處於睡眠、失水、心力衰竭、心律失常、紅細胞增多等狀態下，容易引起血壓下降、血流緩慢、血黏度增加或血凝固性異常等，其誘發病症也會有心房顫動、僧帽瓣狹窄、及心慌易感無力等。由於併發症相當嚴重，血栓的早期診斷及治療是十分重要的。

情緒也可能引發心血管疾病

而且隨著年齡的增加，血管彈性變差，血流通過時，血管調節不夠好，容易引發高血壓。高血壓和冠狀動脈心臟病，是停經期婦女最常碰到的心臟血管疾病。

大部分更年期婦女的冠狀動脈心臟病是由血管動脈硬化所引起的，引起動脈硬化的危險因子包括：高血壓、糖尿病、肥胖、蘋果型身材、高血脂症、高密度脂質(HDL)濃度低於40 mg／d、煙癮、家族遺傳、年齡、缺乏運動或憂鬱傾向等。

另外，憤怒與不信任的情緒指數愈高，罹患心血管疾病的可能性愈高，因為當人在憤怒或充滿敵意時，血中的類半胱胺酸量會增加，這類物質將對心血管管壁造成損壞，是形成心血管疾病的原因之一。

原發性高血壓與更年期障礙症狀如何區別？

1.更年期障礙症狀

有些婦女在更年期時，有血壓上升的現象，主要症狀為白日血壓波動大，睡眠後恢復到正常範圍，通常收縮壓升高，舒張壓變化不大，會伴隨著潮紅、潮熱、出汗等症狀發生，而眼底檢查和心電圖檢查正常，這還不是病理性的高血壓，但表示血管調節不夠好。

2.原發性高血壓

真正的高血壓疾病（世界衛生組織定義為140／90mmHg以上），血壓會持續升高，舒張壓和收縮壓也都升高，有些出現頭暈、心悸症狀，對心臟、腦神經、腎臟等器官有不同程度的損害。

按摩調養法
急症救命有撇步

■可透過按摩與心經有關的穴位，幫助調養心臟及排除不適。「人中穴」用「按法」來刺激，可開竅醒腦，通常用於心臟病突發的急救。「內關穴」、「太衝穴」有抑制情緒亢奮的作用。

人中

- **位置：** 位於鼻樑根部與上唇之間，即人中溝中點上方的位置。
- **按摩方法：** 用「手指指甲切之」來刺激開竅醒腦，但只在急救的時候使用（一直到患者甦醒為止）。
- **功效：** 有開竅啟閉、清腦醒志的功效。並能宣通督脈經氣、主治癲狂、痙攣、昏迷、顏面神經疾患、舞蹈病、神志失常、口噤不開等。臨床上常用於急救，尤其對中風昏迷或心血管疾病的患者，急壓此穴就可以使患者清醒回神。

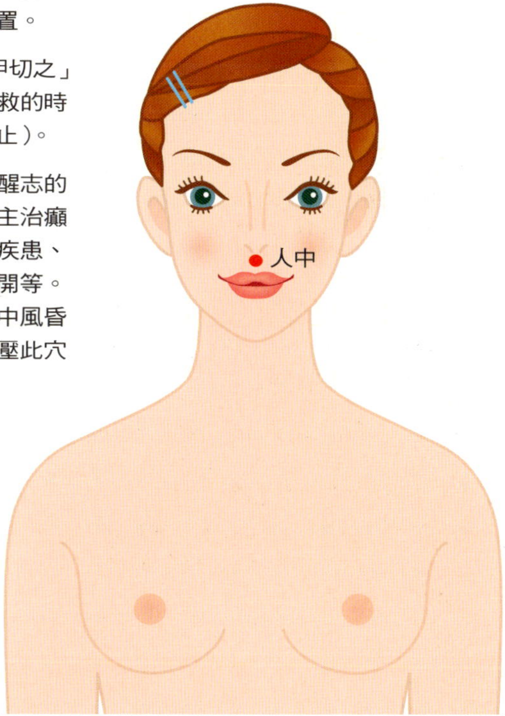

內關

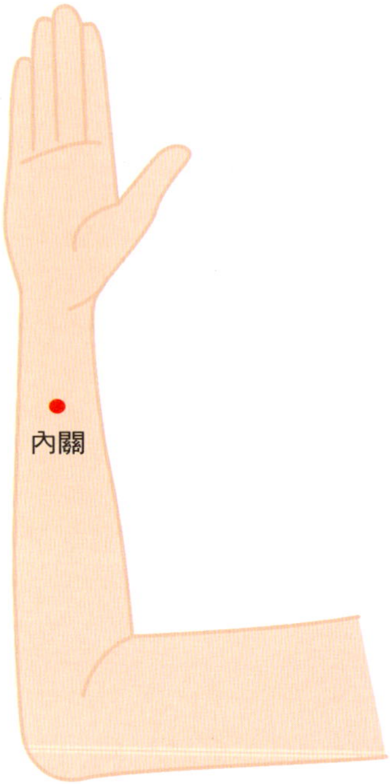

- **位置：** 仰掌，從手腕橫紋往上二寸（三指橫寬）的中間。
- **按摩方法：** 以拇指指甲切之，另四指托住手背，每次1分鐘，每天最多10次。
- **功效：** 按壓內關穴可以緩和胸悶、心悸、心慌、改善緊張情緒、預防心絞痛、月經失調等不可輕忽的心血管病變症狀，同時也能豐胸、促進胸部血液循環。

太衝

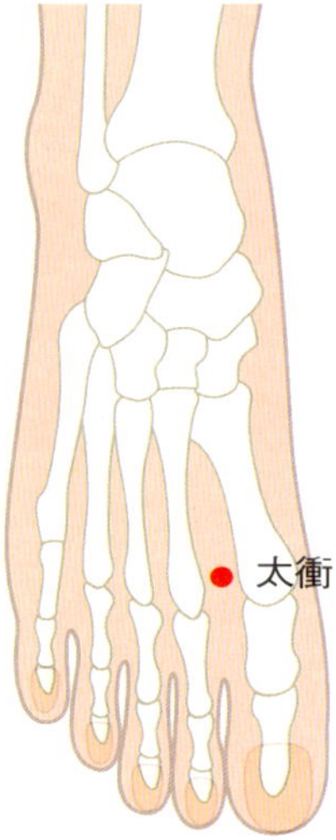

- **位置：** 從腳的大拇趾與第二趾的趾縫之間，往腳背方向約二寸（二指橫寬）的距離，略呈凹陷的地方。
- **按摩方法：** 利用屈指的掐法和指甲的切法，針對穴位進行點按，每回10次，每日1回。
- **功效：** 現代醫學證實長期的緊張壓力是造成心血管疾病的重要原因，太衝可減緩緊張的情緒、紓解壓力，預防更年期時心血管疾病的產生，此穴位同時也可治療高血壓、頭痛頭暈。

強化心肺功能 運動調養法

為了避免罹患心血管疾病，平時就要保持運動的習慣，建議中老年人以動作十分緩和的「太極拳」來調節心肺功能。

練太極拳時的要點

・**腹式呼吸**：太極拳運動是兼具自主性運氣及呼吸吐納法的調息，運動的同時要先學習做深層的腹式呼吸來調氣。

・**吸入更多氧氣**：練太極拳時應選擇在樹木濃郁的地方動作，深層呼吸法可以吸進充足的氧，可幫助心肺復甦，強化心臟功能，預防心血管疾病的發生。

太極拳腹式呼吸法

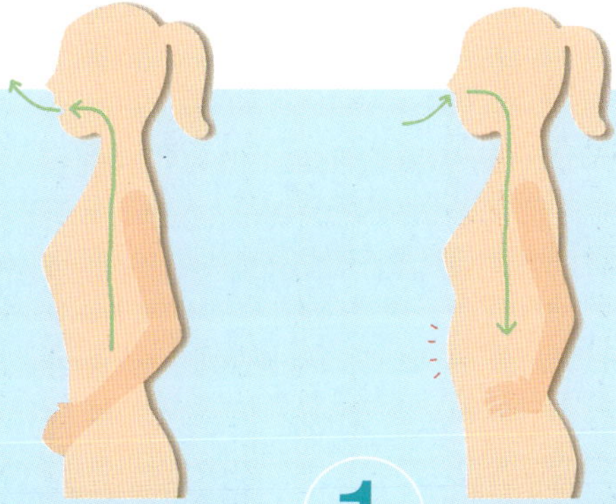

1 吸氣的時候用鼻子吸入，讓氧氣可以順勢深入腹部，同時腹部會鼓起。

2 吐氣的時候用嘴吐氣，用手掌輕壓腹部縮小。

可活血化瘀的天然食物 食物調養法

芒果

芒果含有維生素A、B1、B2、C，胡蘿蔔素、葉酸、鈣、磷、鐵等豐富的養分，除了有清除體熱、生津止渴、益胃止嘔、利尿、止咳化痰等多項功效，對於降低血脂、防治心血管疾病，治暑熱汗多、頭暈、噁心嘔吐等病狀也很有效。建議更年期的婦女可以適量攝取。

鮭魚

鮭魚又被叫作「三文魚」，是屬於多脂魚類，在鮭魚的肉質中含有豐富的DHA，是促使腦部及眼睛正常發育所必須的物質，內含豐富的Omega-3s脂肪酸，可防治血管阻

塞、活血化淤、預防腦部老化，防止老人癡呆症的發生，和膽固醇過高的危險。

洋蔥

洋蔥性微溫味甘辛，有健胃消食，行氣寬中的功效。現代醫學認為，洋蔥含有多種礦物質、維生素及有機硫化合物、類黃酮、揮發性油等，可降低膽固醇、稀釋血塊，防止血栓形成，有對抗體內兒茶酚胺等升壓物質的作用，使血壓下降，所以對高血脂症、高血壓以及心臟病患者尤其有益。

而且洋蔥還含有抗氧化物質，對付癌症大有可為。另外，有骨質疏鬆症的人也可以多吃洋蔥，有防止骨質流失的效果。

海帶芽

海帶性寒味甘，含有鈣、碘、磷、鋅、粗纖維、褐藻膠等多種養分，可以主治疝氣、水腫、動脈硬化、高血壓、支氣管炎、腳氣病等多種病症，其葉綠素及微量的鐵、鈷、砷等具有補血的作用，亦可防止血栓和血壓的上升，有防止硬化及防癌的功效。

促進血液循環 營養素健康食品 調養法

葉酸

葉酸是維他命B群的一種，足夠的葉酸對心血管有保護作用。許多的天然食物如動物肝臟、牛豬肉、牛奶、大豆、馬鈴薯、蛋黃及菠菜都含有。吃天然食物的好處是綜合性的，例如菠菜除了葉酸，還含有纖維可預防膽固醇，同時預防便祕，要注意若過度烹調，葉酸容易流失，所以最好用大火快炒。更年期婦女每日建議攝取四百微克。

葡萄籽

葡萄籽中含有豐富的前花青素，

但是不宜直接生食葡萄籽，以免造成腸胃不適。建議可多攝取葡萄籽萃取物，除了當作抗氧化劑之外，亦被廣泛用於預防心血管疾病，和保護肌膚膠原蛋白免受自由基的傷害；葡萄籽可以改善血管彈性、靜脈曲張，對促進血液循環十分有幫助，更年期女性每日建議攝取五十到一百毫克。

藍綠藻

藍綠藻是生長於海中的一種海藻，含有人體所需的胺基酸以及維生素A、胡蘿蔔素、維生素B群、鐵、碘等等較具利用價值的營養，且含優良的蛋白質，有助於脂肪消耗，身體的有害物質的排除而淨化，可以調整體質，促進血液循環與活化體內的新陳代謝，降低更年期心血管疾病的發生。劑量視需要而定，注意各家產品說明書、服用劑量等。

紅麴

紅麴是中國人自古以來，經常用於各種菜餚的一種物質，目前最常見的就是被用來製成紅糟肉、豆腐乳等等。紅麴的色澤鮮紅，其中含有的Lovastatin正是保健功效之所在。本草綱目中記載：「消食活血，健脾燥胃。」它含有HMG—COA還原酵素抑制劑，可降低血液中的膽固醇，有效幫助更年期的婦女預防心血管疾症的發生，更年期女性每日建議攝取二十到四十毫克。

預防重於治療
日常調養法

更年期時，預防心血管疾病是很重要的。在心情上也要盡量保持輕鬆，不要對自我過分要求，凡事緩思慢行，不可操之過急。醫學上證明每日多微笑、保持心情愉快，對心臟健康十分有幫助。

另外，可多做有氧運動，以改善心肺功能。總之，運動、清淡飲食並適度補充如魚油等含不飽和脂肪酸的食物，正常作息、保持好心情，都是擁有個好心臟的必備方法。

更年期病症3 骨折變成家常便飯？

骨質疏鬆症

骨質關係我們下半生的生活品質，因此從年輕起就要注意鈣質的攝取，記錄骨質的狀況，多曬曬太陽吧。

六十二歲的崔奶奶，有一天她和平時一樣抱著孫子坐在矮凳子上，一個不小心向後仰，她用右手支撐在地，還好沒有跌倒，只是虛驚一場，但是手腕卻感到非常疼痛，現在也無法抱孫子了，家人送她去看醫生，經過診斷才知道崔奶奶的腕骨骨折了！她很訝異自己並沒有跌倒，但後果怎麼會這麼嚴重？

悄悄流失的珍貴骨質

骨骼具有支持身體、保護內臟、造血、調節鈣、磷等功能，為了達到這些功能，需不斷地新陳代謝。骨質疏鬆症，是停經後婦女及年紀較大的長輩常見的骨骼系統的生理變化。

由於骨質通常流失於無形，所以生理期所流失的血液是看得見的，但是一併流失的礦物質（包括鐵、鈣、微量元素）卻是看不到的。

更年期的婦女，因為荷爾蒙缺乏，造成骨中鈣質流失的速度加快，引起骨質疏鬆症，增加骨折的機會。一般在停經後三~五年內就會有骨折的問題出現。

中老年人常見的腰酸背痛也和骨質流失有關，成骨細胞的活動力減少，骨質流失加速，使得婦女骨關節支撐不足，加上腰臀骨頭旁肌肉力量減弱，容易勞損，若姿勢不佳或勞動過度，就容易產生腰酸背痛的現象。骨質疏鬆也常伴有關節疼痛，尤其以膝關節疼痛最為常見。

更年期是骨質流失的高峰期

女性的骨骼，至二十五歲時就發育到最高峰，此後每年約流失百分之

一，四十歲之後約每年流失百分之二，骨質流失，無聲無息，開始形成骨質缺乏。到了停經後的五年間，因缺乏雌性素的關係，使得骨母細胞活動力減少，每年骨質流失程度更提高到百分之三到百分之十，骨內的鈣不斷流入血液中，骨骼強度因此減弱，骨骼形同中空，所以受到輕微刺激就很容易發生骨折，這也是老年人容易骨折的最大原因。

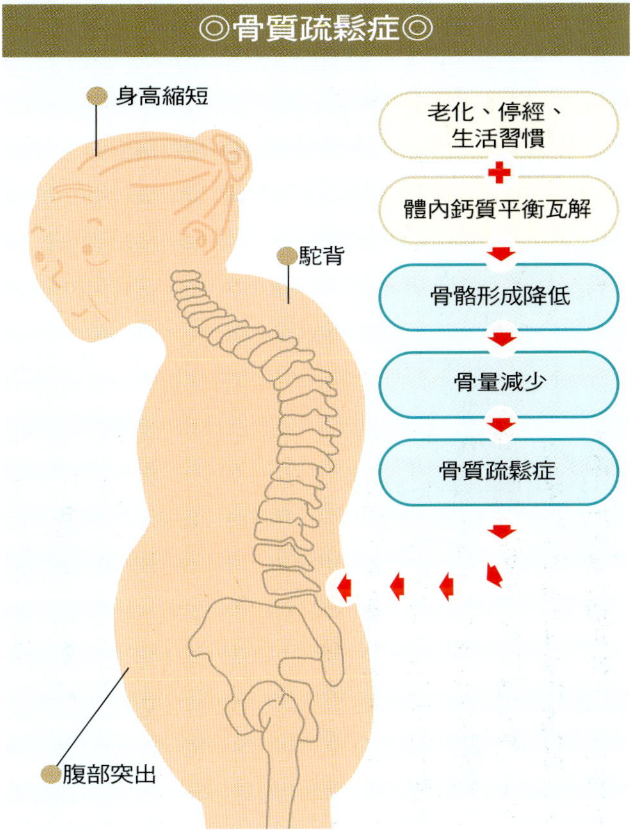

美國統計，骨質疏鬆症患者百分之八十是女性，而全球六十歲到七十歲的婦女，約有三分之一罹患骨質疏鬆症，八十歲以上的婦女中，罹患率更高達三分之二。國內研究也發現，六十五歲以上的女性中，罹患骨質疏鬆症的比率超過百分之十六。一般而言，骨密度減少百分之十，骨折的危險性就增加二倍。健保統計資料顯示：台灣地區六十五歲以上的婦女，每年約有四千人發生髖部骨折，而骨折後第一年因併發症引起的死亡率高達百分之十五，遠高於乳癌、子宮頸癌、大腸癌的發生率及死亡率。

隨著年齡的不同，因骨質疏鬆症造成骨折的部位也有些差異，五十歲的女性以手腕部分的橈骨骨折最多，六十歲的女性以脊椎壓迫性骨折的發生最多，六十五歲以上的女性，就很容易發生髖部、股骨的骨折。

◎骨質疏鬆症容易骨折的部位◎

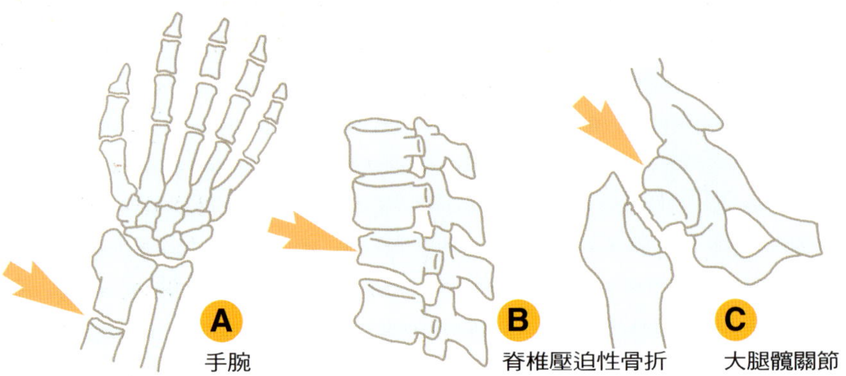

為何女性較男性容易罹患骨質疏鬆症?

骨質疏鬆症的患者，大部分都會覺得腰痛和脊椎痛，其中女性又多於男性，估計約有八倍之多。為什麼女性比男性容易得骨質疏鬆症呢?這是因為更年期女性荷爾蒙減少分泌，影響鈣質的代謝，使得組織中的蛋白質減少，膠原纖維變弱、變細，骨與軟骨（關節、脊柱）也就愈來愈脆弱了，因此女性骨骼老化的速度，才會比男性的發生機率高。

除了上述原因，無論男、女，在更年時期會發生骨質疏鬆症，其實也與體質、體型有關，近年來也有醫學實驗證明骨質密度的退化與體型有關，因為脂肪中也會囤積荷爾蒙，到了更年期的時候可以慢慢地釋放出來利用，所以體型瘦小的人比較容易發生骨質疏鬆症，反而體型肥胖的人比較不容易發生。

容易罹患骨質疏鬆症的原因

因種族、遺傳、營養、荷爾蒙、體重、運動、外傷、疾病、藥物等，造成骨骼的生成、密度、及流失的速率每個人均不相同，易罹患骨質疏鬆症的高危險群如下：

1. **種族與遺傳因素：**白種人最多，黑人最少，黃種人居兩者之間；父母親曾患有因骨質疏鬆症所引起骨折的人，也容易罹患。
2. **體型瘦小：**體重低於標準的百分之八十五的人。
3. **女性荷爾蒙缺乏：**四十歲以前停經者，兩側卵巢切除者，或在生育年齡中曾有累積達二年以上的無經期者。

4. 運動不足或過量：如長期臥床、打石膏固定，或長跑選手們等。

5. 營養不良：如飲食內鈣質缺乏，蛋白質過少或過多。

6. 長期抽菸或喝酒者：抽菸喝酒會干擾女性荷爾蒙的代謝，使骨質快速流失。

7. 有特殊疾病：如類風濕性關節炎患者、肝功能不全、甲狀腺功能亢進一年以上、副甲狀腺機能亢進、骨髓腫瘤、胃切除者、腎臟病患等。

8. 藥物使用：超量使用甲狀腺素、肝素、抗癲癇的藥物，長期使用腎上腺皮質素累積三個月以上，及治療胃潰瘍的制酸劑等。

9. 失智症：已有行動不便者。

骨質疏鬆症是預防重於治療

雖然雌性素減少，是造成骨質流失的原因之一，但骨質形成卻是靠活動或肌肉張力，與雌性素的關係較少。所以雌性素雖可以預防骨質疏鬆，但卻無法治療骨質疏鬆。

由於健康骨骼的基礎是膠原蛋白，長期節食、進食不足、營養不良或運動不足等原因都會使得骨質密度未達巔峰。為了讓老年生活更美好，宜在青春期及二、三十歲時，透過適度運動、均衡飲食營養，儲存足夠骨本，免得到了更年期時，因雌性素、黃體素、雄性素下降，使膠原蛋白弱化，骨質疏鬆將逐漸形成。

所以，維護骨質，應從年輕時就開始。

■腎主骨，所以有些腎經的穴位也可以拿來治療骨質疏鬆症，例如太谿；也常用八會穴中的骨氣聚會處的「大杼穴」、髓之會穴「絕骨穴」。要時常按摩，以刺激骨髓中的津液（類似膠質）多生，避免骨骼乾澀、過於疏鬆。亦可通達陽脈氣血、祛風避寒、祛濕邪，強健步履。

按摩調養法
增強腎精與補氣

太谿

- **位置：** 位於腳踝內側與肌腱連線的中點。
- **按摩方法：** 以拇指與食指拿捏足跟後的腳筋（阿基里斯腱）內緣，每日1回，每回7次。
- **功效：** 有補腎氣、益腎陰、健腦髓、疏經活絡、強筋壯骨的功效。臨床上用來改善腎臟功能、月經失調、不孕、遺尿、久年氣喘、高血壓、虛勞健忘、足跟痛、足底痛、足內翻、足下垂等。

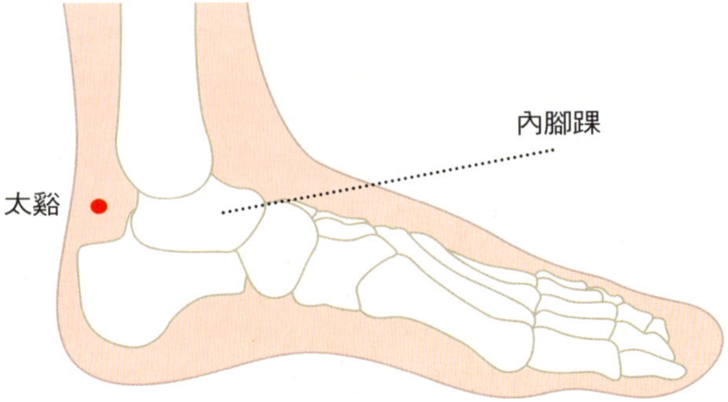

大杼穴

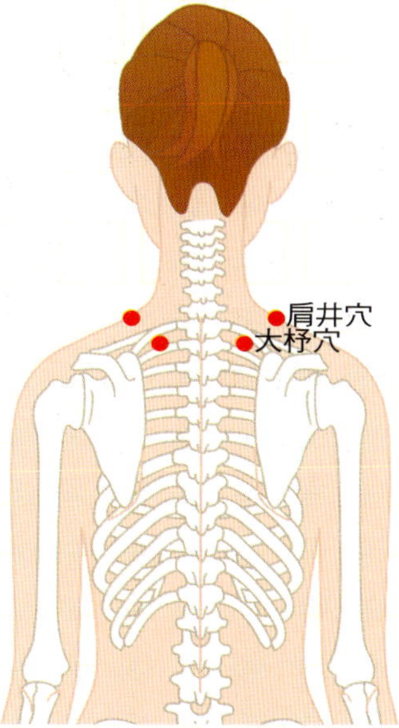

- **位置：** 位在背部第一胸椎下方的凹陷處，往兩旁約一寸半（比大拇指稍寬）的地方。
- **按摩方法：** 以拇指扶肩井穴前，另四指置於大杼穴上，以手拿法刺激穴位，常常對本穴道拿捏，不但可刺激骨頭健壯，也可舒緩肩頸部的緊張。
- **功效：** 大杼為骨之會穴，有舒筋活絡、補虛壯筋、散邪疏風的功效，可治療如骨痿、軟骨病、頸軟等，骨髓虛虧、骨質軟弱等病變，特別對上半身頸項、脊椎更為適宜。

絕骨穴

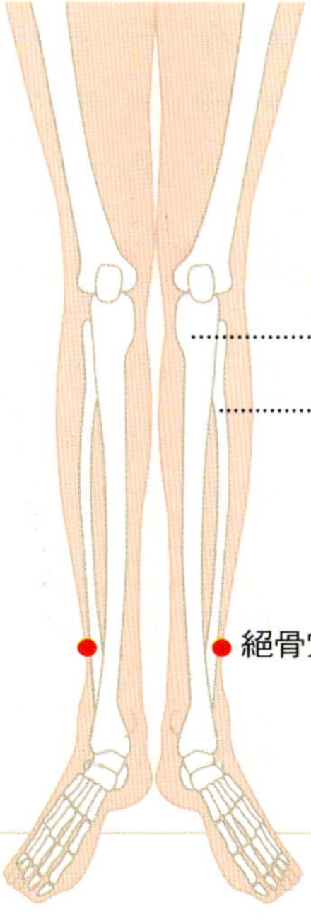

- **位置：** 小腿中有兩支較大的骨頭，正中央是脛骨，靠外側的是腓骨。從足外踝循著腓骨向上尋摸，至似骨所絕之處（腓骨在此穴凹陷似乎中斷）即為本穴，為足外踝上三寸（四指橫寬），腓骨前緣處。
- **按摩方法：** 以拇指著力於穴位上，逐漸用力下壓，稱之為按法，每日2回，每回按7次。
- **功效：** 古書《難經》：「髓會絕骨，為髓氣聚會之處。」骨者髓之府，骨者髓所養，髓藏骨中，充養骨骼，因此本穴多用於治療骨病，並常與大杼相配。髓虛所致的骨痿、腰痠脛軟、軟骨病、下肢痿軟無力，取絕骨穴有補虛壯骨的效果。

爬山有助於健骨
運動調養法

想要保有好骨骼，運動是絕對必要的。

為了避免發生意外，年紀愈大就愈不適合做過度激烈的運動（如跑步），但是又一定需要做有負重性的運動，對於強健骨骼才能有實質的幫助（如爬山）。

爬山當然不是一定非要登上高峰不可，而是選擇有健康步道的小山來鍛鍊筋骨，只要身體有所負重，就會促進骨頭的新陳代謝，吃進新的鈣質才會有良好的吸收，也會把原來藏在骨骼中的廢物排出。但是切記在爬山之前一定要做好行前的準備工作，也要練習深呼吸個幾次，有助於吸收山上的芬多精，幫助強健心肺功能。

建議初次爬山的人先從平緩的步道開始，慢慢進行，一次運動一小時，爬到半途也要多休息，不要過分強求，一次走太遠，或時間過長，體力過度消耗，可能造成反效果。

Chapter 4

以食物減緩骨質流失
食物調養法

海參

海參性溫味甘鹹，主治精血虧損、身體虛弱、消瘦乏力、腸躁便祕、久痰體虛的眩暈耳鳴、血友病和貧血病等症。海參沒有膽固醇，又含很多膠質，還能益精血、補腎氣，建議更年期容易發生骨折的人可以經常食用。

牛奶

牛奶性平味甘，含有高量鈣質，因牛奶的乳糖分子較大，可以治療貧血、反胃噎膈、大便燥結、氣血不足，具有補養氣血和潤澤肌膚等功效。牛奶中含有大量的鈣、磷、鐵、鎂、和維生素A、B、C、D，可降低更年期發生骨折的情況。

加工黃豆類製品

豆類製品性微寒味甘，含有鈣、磷、鐵、鈉、鉀和多種維生素，熟食能益氣和中、生津潤燥、清熱解毒、利尿消腫；生食可以清痰止咳、益胃生津。如：傳統豆腐、豆漿、豆包、味噌湯等，具有調整醣類和脂肪的代謝、降低血壓、清除膽固醇，預防心血管疾病等多項功能，同時黃豆中的植物性荷爾蒙可以補充體內減少中的女性荷爾蒙，可緩解雌性素消退對骨質的影響，更年期容易骨折的人可以多吃。

骨頭所需的營養
營養素、保健食品調養法

維生素D

維生素D能幫助消化系統吸收鈣質，是健康的牙齒和骨骼所必需的。皮膚中有一種固醇類的物質，經陽光中的紫外線照射後可轉化成維生素D供人體利用，長期在室內工作的人經常不見陽光，身體自然就會缺少維生素D。食物中含有維生素D的有牛奶、深海魚油等，但是食物的來源並不多，因此更年期婦女應選擇適合的時間，多到戶外走動走動，幫助身體合成維生素D。更年期婦女每日建議攝取十微克。

鈣

骨骼並不是一經形成就永不改變，而是每日都有些微的改造。當年紀大了以後，製造骨骼的能力衰退，而舊骨骼又遭受不斷的破壞，所以骨骼就像海砂屋一樣，變得空洞脆弱，這就是骨質疏鬆。鈣質的角色不只是形成骨骼而已，心臟和肌肉的收縮也需要鈣質的作用，其他體內的多種代謝也與鈣質相關。

從年輕時就要注意鈣質的攝取，乳製品還是最好的鈣質來源，另外，小魚乾及大骨湯（大骨應剁開，並加些醋，以利鈣質流入湯中）也是良好的鈣質來源。更年期婦女每日攝取量應達一千到一千五百毫克。

把握好天氣曬太陽

日常調養法

骨骼的好壞，是不能光看外表的，所以，骨頭外殼的好不算好，要連裡頭的骨髓都很健康，才能算是好的骨骼。為了保存骨骼中的髓質，一定要從健胃開始，有良好的胃，才能吸收得到養分，留住好骨質。建議更年期的婦女每週至少要運動二~三次，運動時順便吸收陽光，轉化體內的維生素D，幫助鈣質吸收，但要注意避免紫外線太強被曬傷。每天最佳的運動時間是早上十點前和下午三點過後。

Chapter 4

腸胃疾病

更年期病症4 脹氣、便祕層出不窮！

王媽媽今年五十四歲，平時三餐並沒有吃很多，也不喜歡多吃點心，但這一個月以來卻經常感到從胃到大腸，整個腹腔都鼓脹得相當不舒服，排便不正常，有時腹瀉、有時竟然便祕，甚至有時還會感到呼吸困難、胸悶不適，那種脹氣的不適感，使王媽媽原本溫馴的性情變得煩躁不安，十分難受。

腸胃症狀層出不窮

更年期的女性，常會發生「鼓腸」，也就是腹部膨脹的現象。症狀多由胃部開始，逐漸蔓延到整個腹部，嚴重的還會向上壓迫橫隔膜，造成類似心臟病的症狀，例如：胸悶、胸痛、心悸、心律不整等。

如此也容易產生胃脹氣，腸胃蠕動緩慢，發生與大腸痙攣有關的便祕，有時還會腹瀉，有時候又會感到有殘便，也會排放臭氣，這些都是在更年期中特別常見的症狀，當然，這些症狀也和個人體質有絕大的關係。

更年期間由於生理變化，導致情緒的波動也很大。情緒不佳直接影響到的就是腸胃功能，更年期婦女不可輕忽情緒的威力喔。

生理和心理都會影響腸胃狀況

腸胃疾病產生的原因，除了因女性荷爾蒙不斷流失，促使腸胃吸收退化之外，心理問題也是影響腸胃狀況的重要因素之一。更年期的女性，由於身體及精神都會產生變化，生活也跟著變調，日久難免會累積精神上的壓力。例如：女性擔心丈夫是否會嫌棄自己身材走樣，不再被疼愛，或擔心子女長大都不在身邊等等。

由於精神狀況不穩定，有時不知不覺就會因為食慾增加而發胖，亦有因食慾減低而消瘦的情形，兩種都可能造成不同形式的消化不良，構成腸胃方面的疾病，對女性健康產生很大的影響。

統計顯示，腸胃道癌症佔女性十大癌症死亡原因的第三與第六位。所以，為了健康起見，更年期婦女除了要注重情緒調適外，最好在四十歲以後，都能開始接受腸胃系統的定期檢查，以免惡疾上身。

力行晚餐吃得少

雖說大家都知道晚餐要吃得少的道理，但是真正能執行的人並不多。晚餐是現代人最能經鬆用餐的時間，加上宴會應酬都設在晚上，不知不覺就吃多了，若又選擇了不恰當的食物（寒涼、不易消化）或吃得太飽睡覺，長期下來都對腸胃、整體健康不利。

醫學專家警告，婦女更年期之後疾病漸漸增多，不良的飲食習慣，尤其是晚餐吃太多，更容易加速疾病的產生。因此晚餐時間不宜太遲，最好能與就寢時間相距四、五小時左右，若距離睡覺的時間很短，最好只吃「七分飽」，平時晚餐吃個「八分飽」，對身體最好。

按摩調養法
調暢氣機

脾胃的生理功能，主要是靠氣機的作用，氣機的調暢，有賴於肝的疏泄功能及腎陽的溫煦推動作用，如果肝的疏泄功能失調或腎陽不足，會出現「肝氣犯胃」和「脾腎陽虛」的病理變化；站在中醫的角度，建議以「氣海」、「中脘」等穴位來治療。

中脘穴

- **位置：**位在身體的中心線上，距離肚臍上方約四寸（六指橫寬）的位置。
- **按摩方法：**以手掌大魚際（拇指根部與腕關節連結的這一塊）著力於穴位上，手腕部放鬆，做輕揉緩和的環旋活動，每回揉3~5分鐘，每天最多3回。
- **功效：**中脘穴主治消化道的疾病，用以治療胃部、十二指腸疾病的效果很好，可以改善胃痛、胃酸過多、噁心嘔吐、消化不良、腹部脹痛等症狀。對於食慾不振、脾胃虛弱、便祕、腹瀉也有不錯的療效。

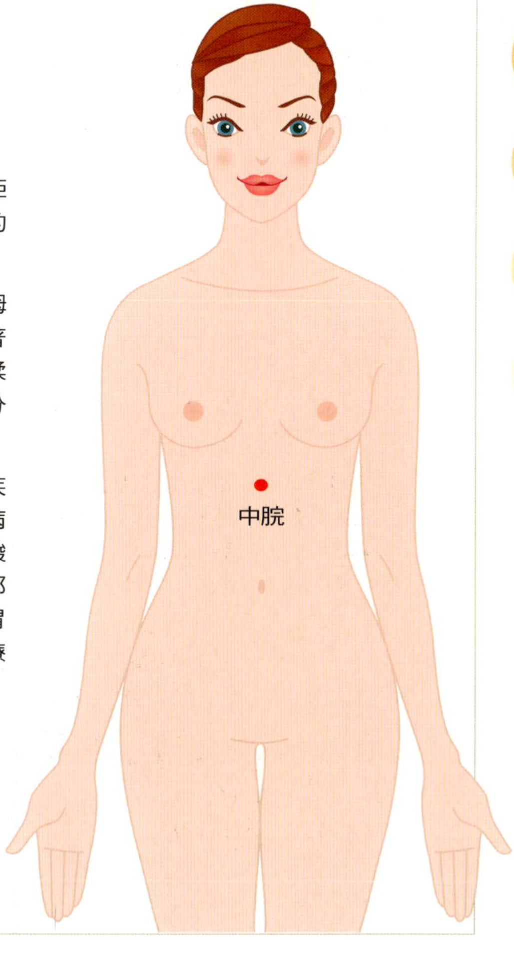

氣海穴

- **位置：**位在肚臍下方一寸半（比大拇指稍寬）的地方，腹部的正中線上。
- **按摩方法：**以兩手掌重疊後按摩穴位，稱之為掌按法。每日1回，每回按摩7次。
- **功效：**氣海為諸氣之海，主治臟氣不足、虛憊諸症，具有增強元氣的功效。人體病理變化無不涉及氣血，透過按摩可以增進氣血循環幫助腸胃蠕動，恢復消化系統的活力。

足三里

- **位置：**沿著脛骨往上推，位於外膝眼下，也就是膝蓋下方凹陷約三寸（四指橫寬）處。
- **按摩方法：**以同側拇指置於穴位上，其餘四指握住小腿，以點按法刺激穴位，每日數回，每回10次，兩側穴道均要點按。
- **功效：**因能治理上中下三焦諸症而得名。有健脾養胃、補中益氣、和胃通腸、祛痰導滯的功效。若長期用艾灸，能溫運脾胃、防病抗疫、健體益壽。主治肚腹病如泄瀉、便祕、腸梗塞、胃痛、反胃、腹痛、脫肛、疝氣等等。

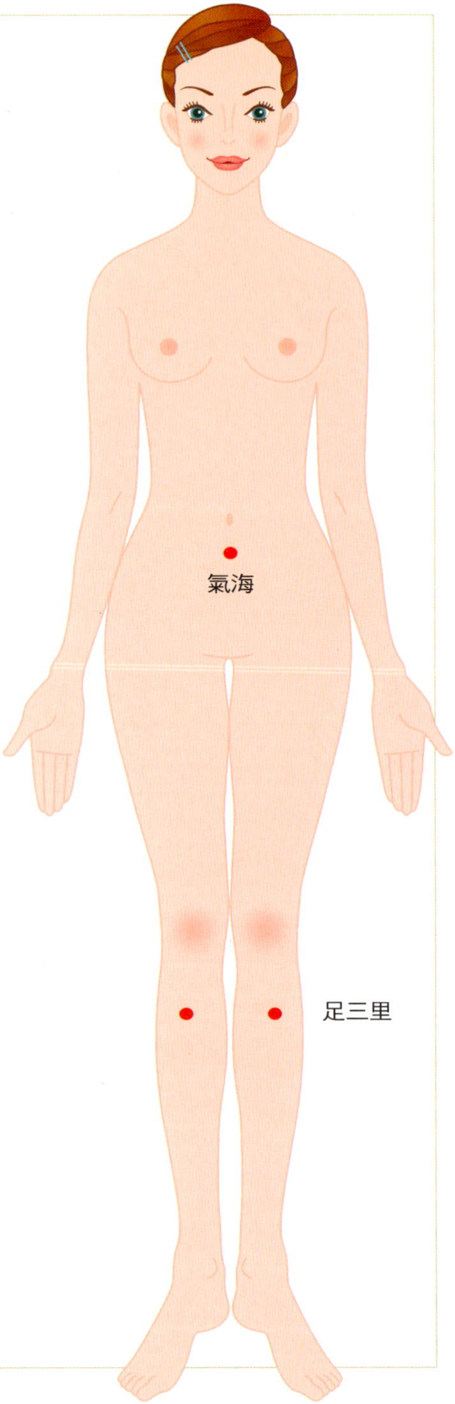

做體操顧胃腸 運動調養法

更年期婦女因為雌性素減少，腸胃功能逐漸退化，容易產生許多不適，建議以緩和的體操動作來幫助腸胃蠕動。譬如仰臥起坐，建議更年期的婦女在進行這項運動時，只需讓雙膝弓起，雙手環抱後腦，平躺後再慢慢起身，每次從五下開始進行，直到習慣之後再遞增至每次十下，剛開始做不到也不必刻意強求，只要有運動到腹部即可，避免傷及脊椎。

常做此運動不只可以促進腸胃功能蠕動正常，還能幫助腰椎肌肉保持彈性，但需切記，三餐前、後一小時內不適合運動。

以天然食物整腸健胃 食物調養法

三餐一定要正常吃，而且要吃得清淡、粗糙，不要太過精緻，也不要吃過多刺激性的配料與過度油膩的食物（例如：油炸類），才能保腸健胃。

生薑

生薑性溫味辛，主治腹痛、消化不良、飲食不振、噁心嘔吐、胃神經痛、胃寒脹滿泄瀉，及十二指腸潰瘍等等病症。更年期容易產生腸胃不適的人可利用生薑中的薑辣素來刺激胃液分泌、加速血液循環，因個人體質不同，需依醫生指示分量使用。

紅心甘藷

紅心甘藷又叫地瓜、番薯，含豐富的膳食纖維，其營養成分有蛋白質、維生素A、C、B群、鈣、磷、銅、鉀等，具有促進腸胃消化、改善便祕、預防血管硬化、關節鈣化、大腸癌的效用等，是更年期應多加攝取的好食物。

猴頭菇

猴頭菇味甘性平，含揮發油、蛋白質、多醣、胺基酸等多項營養，具有補脾益氣、幫助消化的功能，主治飲食減少、消化不良。猴頭菇因為具有增進食欲、增強胃黏膜屏障機能，

可以提高淋巴細胞轉化率等作用，因此對食道癌、胃癌、腸癌等病症也有緩解的效果。更年期腸胃經常不適的人可以多吃，以減輕症狀。

腸道所需的保健品
保健食品調養法

乳酸菌

乳酸菌是可以分解乳糖，產生乳酸的好菌，使腸道環境維持在平衡的狀況，不但可以抑制腸道有害菌叢增生、繁殖，改善腸道菌群的組成，更可進一步促進腸內好菌的生長。

乳酸菌在腸道內繁殖，可以抑制致癌物質的產生及減緩惡性腫瘤的增生，也可以增加鈣、鐵的吸收及腸道蠕動、改善便祕。優格中就含有乳酸菌，常吃優格可以幫助消耗囤積在下腹的脂肪，促進腸胃蠕動，預防骨質疏鬆、心血管疾病、肥胖症，同時還具有抗癌、抗炎的效果。以優酪乳來說，每日可喝二百五十~三百西西。

酵素

酵素是人體消化吸收過程中最重要的催化劑。我們每天所攝取的各種食物，都必須藉由酵素的作用，才能將之分解成蛋白質、脂肪和礦物質等營養素。酵素多從蔬菜水果、豆類、草本植物、酵母或海藻中獲得，或經過加工、發酵、培養等過程製造出來的，可依個人需求選擇適合自己的保健食品。服用前請根據各家產品說明上的建議劑量。

情緒差、壓力大也會引發腹脹
日常調養法

更年期婦女的腸胃疾症通常和情緒及壓力過大有關，除了要注重情緒調適，並定期接受腸胃的檢查之外，更重要的就是重建日常生活的飲食習慣和培養正常的作息。所以不要吃太多富含脂肪、過甜、過鹹、堅果類或粗纖維過多的食物，以引發消化不良、腸胃脹氣、腹滿等不適。

Chapter 4

更年期病症 5 漏尿、頻尿防不勝防！

泌尿疾病

泌尿問題是許多更年期婦女的共同困擾，要避免大笑時漏尿的窘迫，從現在就開始做提肛肌的運動吧。

五十二歲的謝太太，到了更年期，就時常感到尿急、頻尿，甚至和鄰居聊天談到有趣的地方，突然大笑都會漏尿，令她感到非常尷尬、難以啟齒；可是她每次感到有尿意，去廁所卻也排得不多，膀胱的儲尿量只有一丁點兒，後來只能時時依靠衛生護墊來保持乾淨，泌尿系統的問題，令她相當困擾。

荷爾蒙失調是泌尿問題的元兇

一般人在正常的情況下，膀胱本來可儲存五百毫升的尿量，但正在退化中的膀胱，因為無法彈性施壓，就會感覺排尿總是排得不夠乾淨，經常才剛上完廁所，但卻又想再上。

頻尿或尿失禁問題，對日常生活造成困擾，也讓婦女在人際關係上退縮，縮小社交圈。造成更年期婦女尿失禁的原因有：

1. 骨盆肌肉無力。
2. 缺乏雌性素使得外尿道組

織變薄。

3. 生產時的創傷（多胎或嬰兒過大或急產）；接受骨盆腔手術或放射線治療。

4. 腹部脂肪過多，排尿時壓迫尿道，造成移位。

5. 其他潛在性神經失調疾病。

膀胱、尿道、陰道在胚胎時期，都是由泌尿生殖腔演化而來的，所以雌性素缺乏對陰道上皮細胞及尿道上皮細胞均會發生影響。

由於原本具有強化皮膚黏膜的作用逐漸退化，支持膀胱和泌尿系統的肌肉、韌帶也開始鬆弛，加上分泌物減少，陰道也容易乾裂、萎縮，因此膀胱的肌肉組織彈性也會變差，造成膀胱逼尿肌不自主的收縮頻率增加，收縮力量減少，尿道閉合變差，尿道口附近黏膜細胞變薄。導致更年期婦女有尿道發炎或頻尿、急尿、尿失禁的現象。

子宮脫垂也會造成泌尿問題

骨盆的肌肉與韌帶越來越鬆弛，支撐力量減弱，使得更年期婦女子宮下垂，或脫出膀胱，或尿道膨出，或直腸膨出。嚴重的生殖泌尿系統脫出，更會造成疼痛或行動不便。另外因為生產的關係，百分之五十的婦女都會有子宮脫垂的毛病，很容易發生頻尿、漏尿、尿失禁等困擾。

更年期婦女，如有泌尿道問題，可由醫師診治，確定原因，如果已有細菌感染的情形，可以由醫師處方治療。頻尿問題，切記睡前勿喝大量的水，並少吃利尿的食物，如啤酒、咖啡因飲料，如真要喝，也應選擇白天且上廁所方便的地方。

長期的尿失禁問題不但會導致皮膚發炎、搔癢等情況，甚至會導致泌尿道的感染而嚴重影響健康，不可不多加注意！

◎子宮脫垂

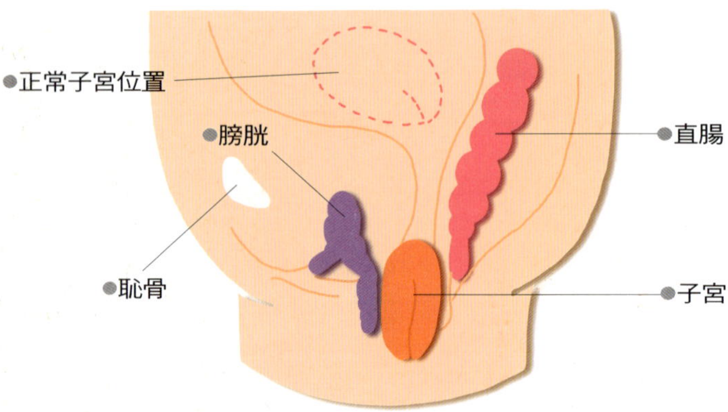

■女性泌尿道的位置與陰道十分接近，如果沒有好好處理漏尿的問題，嚴重者還可能造成陰道發炎或尿道發炎等併發症；要治療泌尿系統的問題，要從「歸來穴」、「復溜穴」這兩個穴位來按摩。

按摩調養法
加強肌肉韌帶張力

歸來

- **位置：** 是足陽明胃經的下腹部俞穴，位在肚臍下方四寸旁開二寸的位置。
- **按摩方法：** 除拇指外其餘四指置於穴位上，兩手同時按壓。最佳按壓時間是晚上就寢前，先做完運動，在膀胱排空尿液之後再按壓此穴，每日1回，每回5次。
- **功效：** 有活血散滯、攝胞固脫的功效，主治痛經、月經失調、子宮脫垂、膀胱下垂、尿失禁、疝氣、泌尿道炎症等。

復溜

- **位置：** 位在足內踝上方約二寸（三指橫寬），在足部跟腱前方凹陷處。
- **按摩方法：** 翹起腳，用同側手拇指按摩此穴位，每日數回，每回按摩2分鐘，左右兩邊都做。
- **功效：** 腎與膀胱相表裡，因腎虛而膀胱功能減退的病症，可取本穴補腎以治其本。本穴除了滋陰補腎、尚可以舒筋活絡、壯筋補虛、利水消腫，更年期的人容易水分調節失常，可多按這個穴位。

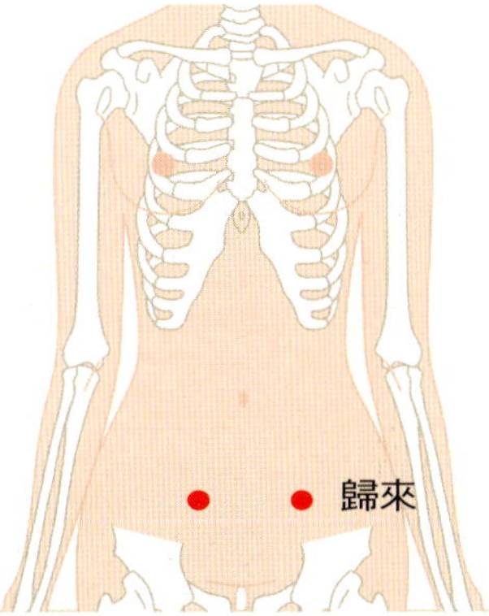

可改善尿失禁的凱格爾運動

運動調養法

要改善泌尿系統的困擾，吃藥的效果還不比勤做運動來得有用。所以建議女性從三十五歲以後就要經常做提肛肌的運動，比方說：排尿中斷法、墊腳尖走路等等運動，皆可使膀胱內的肌肉彈性度增加。

提肛肌鍛鍊又叫作「凱格爾運動」(Kegal exercise)，數十年的研究與臨床證實發現，凱格爾運動對尿失禁的改善，可有高達百分之八十的成功率。

開始練習時，先坐在馬桶上，兩腿張開，在解小便的過程中，忽然中止解尿，此時妳會感覺到會陰處有一群肌肉和肛門口的收縮，然後再將尿液排空。而這種肌肉收縮運動就是凱格爾運動的基本動作。

當妳可以清楚地感受到這些肌肉群的收縮後，接下來就是有效率的每日自我訓練，每次運動時不限時間、地點或姿勢（不管是躺、坐、臥都可），都做二十次以上、每次收縮五秒鐘然後慢慢地放鬆，等五秒鐘之後再重複收縮。

進行運動時，全程保持規律的呼吸，除了運動部位外，身體其他部位保持放鬆；可以用手觸摸腹部感覺，如果腹部有緊縮的現象，則表示運動到的肌肉部位是錯誤的。

只要在熟悉要領之後，便可在日常生活中隨時隨地進行凱格爾運動。如：走路、乘車、辦公、看報、看電視時均可進行，並逐漸增加運動次數，約三個月就可以感受到急尿或漏尿症狀有改善。

Chapter 4

由於大部分更年期間的尿失禁婦女情況並不是相當嚴重，所以強力推薦要經常做凱格爾運動，以經濟又實惠的方法，達到最具效果的療效！

以天然食物利尿消腫食物調養法

冬瓜

冬瓜性涼味甘，含豐富水分及粗纖維、維生素B1、B2、C、胡蘿蔔素和蛋白質，可以改善肺部引起的熱咳，水腫脹滿、暑熱煩悶、瀉痢、痔瘡、哮喘，以及糖尿病、腎炎浮腫等症狀。冬瓜具有利尿消腫、清熱解毒、止咳化痰等功效，但因性質偏涼，更年期容易發生泌尿系統問題的人，需經醫師診斷之後適量食用。

蔓越莓汁

蔓越莓萃取成分中的青花素已被證實，能有效地防止所有實驗菌種的黏附，可抑制細菌或黴菌對泌尿道黏膜細胞的附著性，使引發泌尿道感染的細菌會比較容易隨尿液被排出體外；另外，蔓越莓具有酸化尿液的作用，會使泌尿道變得比較不利於細菌滋長，可減少尿道感染。

玉米鬚

在中藥裡，玉米鬚又稱「龍鬚」，性平味甘，有廣泛的預防保健用途。把留著鬚的玉米放進鍋內煮，煮熟後把湯水倒出，就是「龍鬚茶」。具有利尿、消水腫的功效，還

能降血脂、血壓、血糖、涼血、瀉體內濕熱、增加冠狀動脈流量、和抑制皮膚真菌的作用，能補氣益陰、擴張末梢血管，促進膽汁排泄，治病延年。

西瓜

西瓜性寒味甘，含有維生素A、B、C，具有清熱消煩、止渴解暑、寬中下氣、小便不利、血痢、酒毒、可緩解高血壓、膀胱炎、腎炎、肺炎、黃疸、腰痛、糖尿病、各種癌症、白血病等功效，亦可增加營養、促進食慾，具促進消化功能和利尿等作用。

養成多喝水的習慣

日常調養法

泌尿系統問題常被忽略的一個原因，是藥物所引起的。由於更年期中有許多不適症狀，讓人經常仰賴多種藥物來照顧各器官。但若使用不當，有些藥物會加重腎臟的負擔，甚至引起尿失禁。例如交感神經阻斷劑可以降血壓，但同時也會使膀胱頸及尿道鬆弛，引起壓力性尿失禁。

所以建議平時應多喝水一千五百毫升～二千毫升來幫助腎臟清理雜質。有尿意時別憋尿，若已經排解過，還隱約覺得尚有殘尿感，也別一直用力想將殘尿排出，以免導致胃腸脹氣及膀胱下垂。

Chapter 4

更年期病症6 小心預防，積極面對！

癌症術後調養

更年期以後逐漸進入老年，此時也是癌症好發的時期，癌症是一種需長期抗戰的疾病，要周詳地進行全身調理。

長相富泰的黃太太，從年輕起就一直是胖嘟嘟的，經期也不是很規律。停經了以後，原來以為由月經不規則所帶來的生活困擾終於過去了，卻突然發生出血的症狀，彷彿消失的月經「回來了」。平時非常注意醫療訊息的她沒有以為自己「回春」而沾沾自喜，反而大為緊張，到醫院進行詳盡檢查，才知道得了子宮內膜癌。還好發現得早，癌細胞並未轉移，因此在進行切除手術之後，黃太太便回家療養。

更年期與癌症的關係

婦科癌症在台灣女性的十大癌症死因之中分佔第四、五及第十名。婦科癌症發病的高峰期往往在四、五十歲以後，這個時候的婦女也恰好步入更年期。

進入更年期以後，容易被診斷出癌症的原因有三：

1. 女性的老化細胞容易變性，形成癌症。
2. 美國有研究報告顯示，使用荷爾蒙補充治療，也可能有誘發乳癌的副作用。

攝取過量脂肪是大腸癌的一大元兇

當脂肪攝取增加的同時，體內幫助脂肪吸收的膽酸（膽汁的成分）分泌量亦需增加，經由結腸中細菌的代謝作用後，可能對腸管黏膜細胞造成傷害，而產生致癌或輔致癌的物質，誘發大腸癌的產生。

3. 中年婦女較容易罹患肥胖症，當體內脂肪量過高，女性荷爾蒙分泌會增加。適量的荷爾蒙能促使生殖器官的成長，如刺激乳腺，使胸部變大；但是，過多的女性荷爾蒙則可能刺激細胞產生病變，增加罹患乳癌及子宮內膜癌的危險。

癌症首重預防

癌症的形成，從發炎的狀況、壞的組織，到被診斷為癌症，需要五到二十年的時間。這是無聲無息，不知不覺的長期過程。現在台灣每七分鐘就有一人被宣佈得了癌症，癌症早已成為國人健康的頭號殺手。

癌症的生成跟飲食習慣、環境污染很有關聯。尤其是飲食，至少有百分之三十的癌症被認為與飲食大大相關。現代人因為過於忙碌、緊張，飲食雜亂、習慣外食、營養不均，往往以高蛋白飲食、肉類為主，蔬果攝取不足，運動又太少，因此衍生很多疾病。如肥胖症，幾乎是許多慢性病的根源，不注重飲食的結果就是讓癌症悄悄上身。

也有研究指出，癌症與基因有關，家族血親當中若有人得癌症，那麼罹病的可能性便大增。因此，醫師常常提醒女性同胞，如果母親或祖母等直系血親當中有人得到婦科癌症，就要特別注意，隨時留意自己的月經狀況，定期檢查，早期發現就能早期治療。

基因也就是中醫所說的體質，但

民國92年女性10大主要癌症死亡原因

名次	癌症名
第一名	肺癌
第二名	肝癌
第三名	結腸直腸癌
第四名	女性乳癌
第五名	子宮頸癌
第六名	胃癌
第七名	非何杰金淋巴癌
第八名	胰臟癌
第九名	膽囊癌
第十名	卵巢癌

註：本年度因癌症死亡女性共12,866人，佔所有死亡人數的25.7%

資料來源：行政院衛生署

體質的成因除了基因之外，家族中養成的生活習慣也是一大要素。因此家庭教育十分重要，一個人的飲食習慣，是從小養成的，媽媽怎麼烹飪，小孩長大就是這樣吃。如果媽媽很重視營養與健康，會把觀念傳給孩子，孩子一輩子受用。但如果媽媽覺得只要讓孩子吃喜歡吃的食物就好，小孩子從小就習慣吃很多零食、速食、以高蛋白的肉類為主食、過於注重美食而不管營養是否均衡…，一輩子的飲食觀念可能都很難改變，因此也造成了容易罹患癌症的體質。

即使家族中有得癌症的病史，但如果及早注意修正自己的生活習慣，以耐心與毅力調配飲食，成為癌症患者的機率也會大為降低。

◎女性常見的四種婦科癌症

因為近年來大力宣導乳癌與子宮頸癌檢測的重要，使得婦女因這二種婦科癌症致死的比率下降。但仍有些癌症很難發現，一但發現了，往往已到末期，譬如卵巢癌。

1 乳癌

乳癌是長在乳房的惡性腫瘤，大部分會長在乳管細小的部分，偶爾也會長在乳頭上。

乳癌的發生，一般來說與遺傳、內分泌有關，也與西方高油脂飲食習慣的引入有關，或是甲狀腺機能的減退也可能引發乳癌。西醫的治療上，在癌細胞尚未擴散時，會採取保留乳房的切除手術，再加上放射線治療。

中醫則把乳癌稱之為「乳岩」或「乳痈」。治療上，以氣陰兩虛的比較多，因此會給予一些補益氣血、行氣活血與消腫散結的藥或食材，以輔助治療。

◎容易發生乳癌的部位百分比

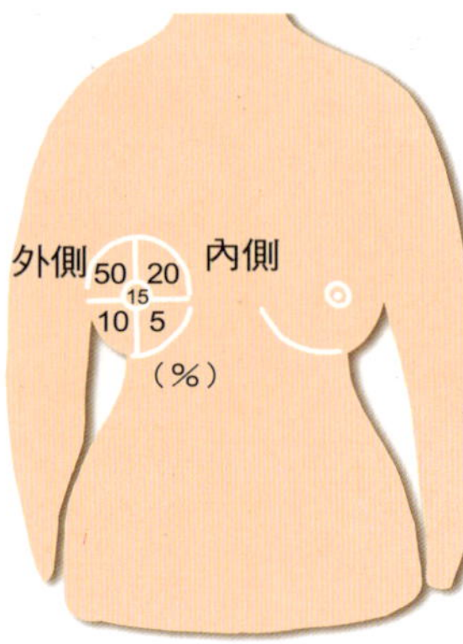

2 子宮頸癌

子宮頸癌早期可能完全沒症狀，到晚期時，會出現白帶增多、夾雜黏稠狀的物質或血絲，或有不正常的出血，這只要透過子宮頸的抹片都可以及早發現。

目前西醫在子宮頸癌的治療上多採取外科手術切除、放射線治療及化學治療三種方法。在外科手術方面，醫師會考量病患的病情及實際需求，來決定是否要進行子宮全切除手術，或子宮頸周圍異常組織的部分切除。

採用化療或放射線治療子宮頸癌的療效是肯定的，但是這些治療會損傷人體的正氣和津液，過程中白血球降低、出現消化道反應，並容易損傷子宮頸周圍附近的器官，如直腸、膀胱等。所以患者常見頭昏眼花、四肢無力、精神疲憊、飲食不香、口淡無味等的脾腎陽虛現象。

3 子宮內膜癌

子宮內膜癌好發於更年期及停經後的婦女，主要症狀是陰道不正常出血。尤其是停經後，若有不正常的陰道出血，一定要做進一步的檢查。

◎子宮容易發生癌症的部位

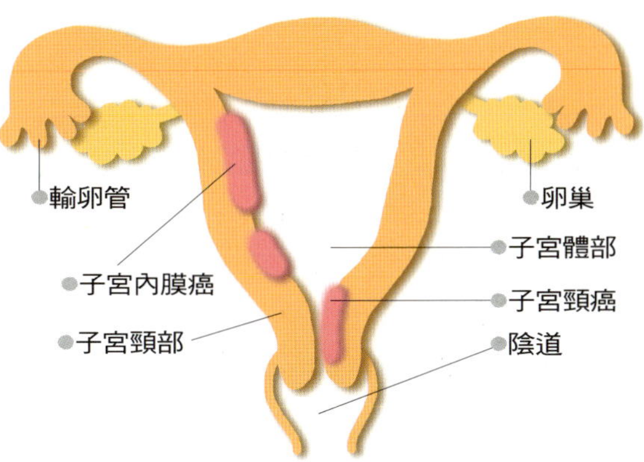

專家發現，如果超音波發現子宮內膜有增厚超過1.6公分以上，得子宮內膜癌的機會就大增。而有糖尿病、肥胖症及高血壓的及多囊性卵巢女性，更需特別小心，因為她們屬於高危險群的病患。

目前西醫對子宮內膜癌的治療，主要是以切除子宮為主，病情較嚴重者會將卵巢、骨盆腔內的淋巴腺等一併切除。子宮內膜癌屬中醫學中的崩漏、五色帶及癥瘕等範圍內，至於發病的原因多由脾虛生溼、溼久化熱、溼熱停留子宮，與淤血鬱結化為邪毒所致，也有少部分是因肝腎陰虛、沖任功能失調所引發。

4 卵巢癌

卵巢癌是四種婦癌中最缺乏臨床症狀的婦癌，因為卵巢本來只有拇指大小，當腫瘤還小時根本毫無自覺症狀。而且卵巢有兩個，當其中一個發生病變時，另一個還會正常作用，所以很難察覺到異常。

卵巢腫瘤需長到某種程度後才有下腹痛、消化不良、腹脹、頻尿、體重變化等現象發生。卵巢癌的篩檢，目前沒有很好的工具。根據統計，百分之二十發現卵巢癌的患者是經由婦科內診時發現的。

因為通常卵巢癌被發現時已到了末期，有時已經無法用外科手術切除，必須以化學藥物來做全身治療。目前所用的抗癌藥物大多是免疫抑制劑，而且大多數都會引發不同程度的副作用。

卵巢癌患者經化療之後，極易產生中醫所稱的「虛症」，即損傷正氣以致臟腑功能失調，患者常出現臉色蒼白、倦怠懶言、噁心嘔吐、飲食不香、胸悶不舒、口舌乾燥、頭暈耳鳴、心煩失眠等症狀。中醫將根據病患所出現的症狀分型對症治療，臨床上常見的有氣虛、陰虛、氣陰不足型三種。

按摩調養法
癌症術後的調養

癌症病人在經過放療或化療後，往往腸胃機能也受到很大的影響，吃不下、噁心是這類治療最大的副作用之一。因此可選擇具有可改善腸胃功能、緩解噁心感，以及可調理氣血、增強免疫力的穴位，加以按摩，幫助癌症病人恢復食慾、提升免疫力。

中脘

- **位置：** 位在身體的中心線上，距離肚臍上方約四寸（六指橫寬）的位置。
- **按摩方法：** 以手掌大魚際（拇指根部與腕關節連結的這一塊）著力於穴位上，手腕部放鬆，做輕柔緩和的環旋活動，每回揉3~5分鐘，每天最多3回。
- **功效：** 中脘穴主治消化道疾病，可以改善胃痛、胃酸過多、噁心嘔吐、消化不良、腹部脹痛等症狀。對於食慾不振、脾胃虛弱、便祕、腹瀉也有不錯的療效。

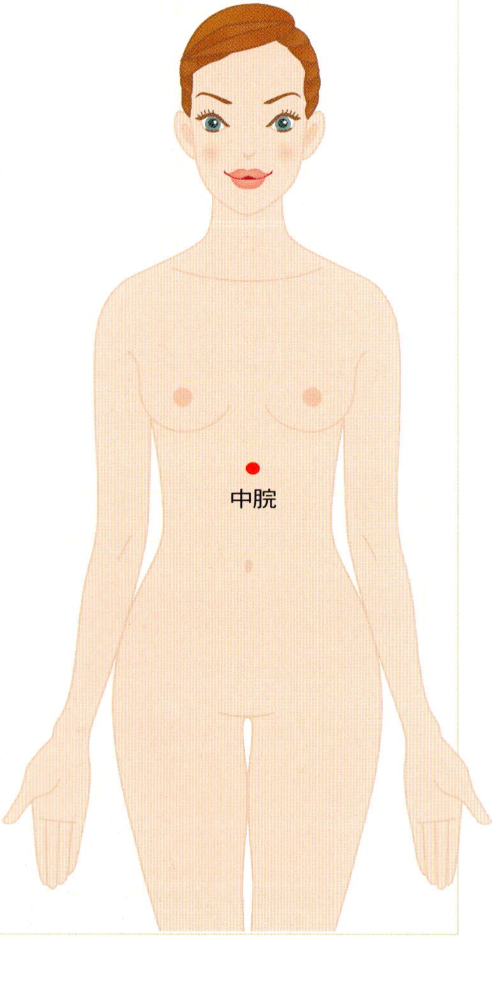

神門

- **位置：** 手握拳，掌心向上，在手掌下方大橫紋的凹陷處，腕豆骨的後方。
- **按摩方法：** 每天晚上睡覺前，用指尖旁邊的指甲，每掐5秒、停一下，左右手都做，每次約做10次。
- **功效：** 可補心氣、寧心神、養心血、通心絡、清心開竅。神門主治心脾血虧、陰虛火旺、心膽氣虛和胃中不和等症狀，也可治療因憂慮或情志鬱結，引發的臟躁症、睡眠不安、精神抑鬱等。

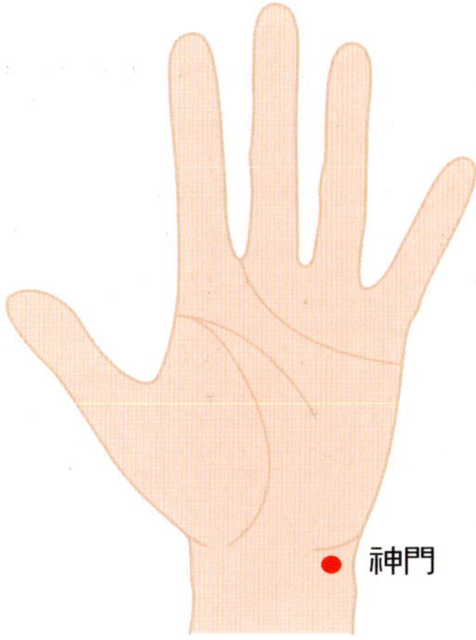

內關

- **位置：** 仰掌，從手腕橫紋往上二寸（三指橫寬）的中間。
- **按摩方法：** 以拇指甲切之，另四指托住手背，每次1分鐘，每天最多10次。
- **功效：** 可理氣散滯，通暢心絡，安心神，和胃止嘔，主治心煩、心悸、心絞痛、心肌梗塞、無脈症、臟躁、臆病等。按壓內關穴可以改善腸胃功能，緩解噁心想吐的感覺。

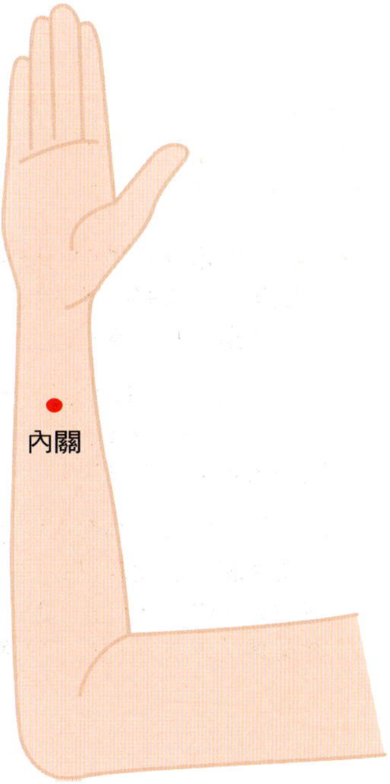

血海

- **位置：** 在膝蓋骨的內側邊緣往上二寸（三指橫寬）的地方。
- **按摩方法：** 以手掌進行拍法，1天1次就好，每次拍10下，時間不宜過長，以皮膚微紅為度。
- **功效：** 血海有益脾攝血、生血養血、健脾去濕、化濕去濁的功效，可有效改善血液循環，增強免疫力。

足三里

- **位置：** 沿著脛骨往上推，位於外膝眼下，也就是膝蓋下方凹陷約三寸（四指橫寬）處。
- **按摩方法：** 以同側拇指置於穴位上，其餘四指握住小腿，以點按法刺激穴位，每日數回。
- **功效：** 有健脾養胃、補中益氣、和胃通腸、祛痰導滯的功效，因能促進血液循環，若長期用艾灸，可溫運脾胃、防病抗疫、健體益壽。

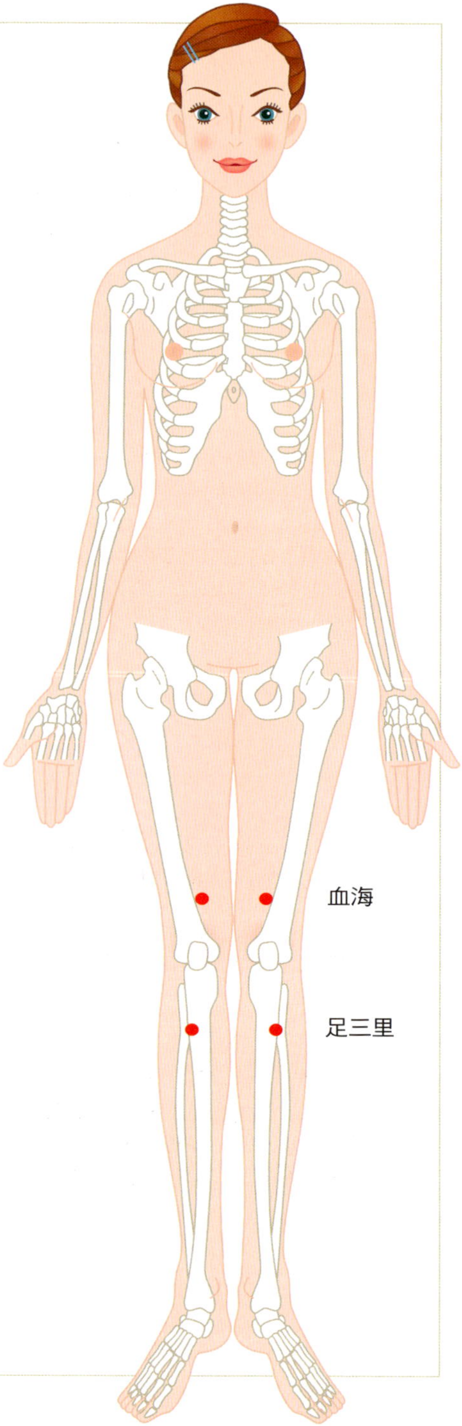

以天然食物增加免疫力
食物調養法

癌症患者的有益食品

癌症病患在進行手術或治療前，飲食的原則應以保證手術順利進行，以扶助元氣、補助氣血的食品為宜，如龍眼、紅棗、蓮子等。讓氣血、身體功能早日恢復正常，才能有效抵禦癌症。

軟堅散結類

如海產當中的海帶、紫菜、鮑魚、髮菜、海參、沙丁魚、荸薺、牡蠣等，牡蠣含有豐富的蛋白質，可以促進食慾，非常適合癌症病人食用。食用方法很簡單，如可在海帶湯中加一些肉片與薑片一起煮，給病人當點心來食用。

◎荸薺

活血散結類

還有些具散血作用的食物，可幫助讓局部的血液循環變好，如螃蟹、山楂，也很適合癌症病人吃。

理氣類

但是光補血、行血，效果不佳。要血行好，須先氣動，氣血互動好，循環才會較正常。因此一些理氣的食物，如橘皮、橘絡、佛手柑，也常建議病人來用。

消導類

還有一些可以幫助消化的食品，可以讓病人開胃、有食慾的食物，如山楂、蘿蔔、麥芽、薑片。

健脾益氣類

可讓病人吃了以後營養吸收較好，提升免疫力的，最常用的是薏仁、蓮子等食物。

清熱解毒類

如絲瓜，建議剛得癌症的病人可以吃，但是術後的病人就不適合吃。

最流行的抗癌尖兵一番茄

番茄性寒味甘酸，可以有效改善食慾不振、熱病、高血壓、貧血等症狀，具有生津止渴、健胃消食、清熱解毒和降血壓等療效。番茄中的茄紅素是威力強大的抗氧化劑，可以預防多項消化道癌症，它含有的檸檬酸、蘋果酸和醣類可促進消化，對多種細菌也有抑制作用。

滋陰生津類

這類食品可以緩解口乾舌燥、鼻子乾燥的困擾。如水梨、蜂蜜、甘蔗、西瓜、蘋果、鱉甲等。

癌症術後患者的有益食品

癌症術後的食物，原則是以補益氣血、調整脾胃功能的食品為主，如紅棗、蓮子、糯米等，這些食物可以煮成粥，以增加它益氣健脾、幫助消化吸收的效果，還可以加上山楂、金桔等，可健胃消食、活血化瘀。

因為手術完之後可能還會搭配放

射線治療，放療病人的食物以開胃和增加食慾為主，要清淡、鮮美、營養豐富。放療之後可能會傷陰或傷津，因此病人容易有口乾舌燥等熱燥現象。所以這類病人可以多吃百合與銀木耳、鱉魚。

❤ 沙參麥冬湯

有些醫院目前給癌症術後的病人吃一種中藥方劑，叫做沙參麥冬湯。沙參、麥冬、玉竹、天花粉都是滋陰潤燥藥，再加上扁豆健脾益氣，熬湯給病人吃，發現病人在化療後的不適反應會降低。

（沙參麥冬湯的組成：玉竹、桑葉、天花粉、沙參、麥冬、扁豆、甘草。）

化療後的病人白血球會下降，所以飲食以可補益氣血的為主。如雞血、鴨血、豬血，再加上可以補氣、促進消化的中藥材。化療之後，容易產生噁心嘔吐的症狀，可以用薑來調配病人的飲食，如在飲食中加一些嫩薑片，或是就把嫩薑片塗在病人舌頭上。

對於癌症晚期的病人，只要消化還可以，各類食品都不用禁忌。只要病人吃得下，吃得高興就好。

癌症病人最需要的營養 營養素調養法

蛋白質

在遭受重大壓力或手術後，體蛋白被破壞的程度相當大，而且也無法很快合成，患者想要迅速康復，就要補充蛋白質。

針對癌症術後病人，可以製作蛋白水配方，做法是蛋清一個，蒸熟後加上病人愛喝的果汁、水果，再加上糖，一起在果汁機中打一打便可。

米湯也是很適合病人吃的食品，一早起來，先把米加水煮，將湯水倒出來，放入剁碎的蔬菜，煮成半流質的蔬菜湯給病人吃。

鐵

鐵質也是癌症術後病人需要強力補充的營養素。鐵質除可用來製造紅血球，它在能量供應的系統中也扮演了重要的角色。所以當缺乏鐵質時，不僅會影響紅血球的製造，使氧的供應發生不足，同時也會使人體細胞中的能量供應出現障礙，免疫力下降。在進行癌症療法時可能會破壞身體的正常組織，因此要增加攝取含鐵質高的食物，如動物的肝臟、瘦肉、蛋、菠菜等綠色蔬菜。

維生素C

維生素C被認為是最能預防疾病、降低罹病危險因子的超級營養素之一。而且當人體在遭受強大壓力（如抗癌）時，維生素C的需求會增加到平常的七十倍以上。對癌症術後的病人來說，維生素C可促進傷口癒合。富含維生素C的食物有柳橙、檸檬、青椒、木瓜等，如果病人無法吃下整顆水果，可以把C片磨碎，拌在粥中給病人吃，或選擇病人喜歡吃的含維生素C水果，打成果汁。

在生活中防癌與抗癌 日常調養法

以自然方式度過更年期

荷爾蒙補充療法是否會增加乳癌的發生率，是婦產科醫師與外科醫師之間常發生的爭論。無論真相如何，對於已經習慣補充荷爾蒙的婦女，要她們遽然停藥是很痛苦的，因為減緩的更年期症狀在停藥的一個月以後，全部反轉回來，很多婦女因此按耐不住又回去吃藥。

以中醫師的角度來看，除非更年期症狀對生活帶來太嚴重的干擾，否則一開始並不鼓勵補充荷爾蒙。盡量採取天然的方式度過人生必經的更年期，從食物、運動、心態上來進行調整與調理，讓身體取得新的平衡。

> **癌症病人所需熱量**
>
> 癌症病人每日所需的熱量，是以體重公斤數乘以20，較正常人略低，約是1100卡左右。

重視抗癌時的心理重建

對癌症病人來說，要對抗癌症，不僅是生活中飲食的調配，心態的治療也很重要。

完整的醫學應該是全面性的，要照顧到病人的身心靈。很多人在得了癌症後會有恐懼的狀態，即使癌症已經治療好了，心態上卻一直活在復發的恐懼當中。當人活在恐懼中，免疫力自然下降，罹病的機率更高。

因此醫師應將完整的資訊告訴病人，例如這個病治好以後，復發的機率是多少?它的癒後如何?可能產生什麼變化?病人及家屬也應嘗試去蒐集相關資訊，以清楚地知道在自己身上發生了什麼疾病。瞭解，是抗癌、減少恐懼的最好方法。

中醫師的私房配方

更年期症候食療藥膳

中醫藥食同源的傳統，創造了許多兼具療效的美食。這裡列出可改善更年期症狀或病症的藥膳，助妳改善更年期症候。

・膳食・

●2餐份

羊肉栗子湯

材料：羊肉60克，栗子18克，枸杞15克，生薑2片，蔥2支。

作法：

1.將羊肉洗淨後切塊，加入生薑、蔥，再加水2000毫升。

2.用武火煮開後，用文火煮至半熟時，加入去殼栗子、枸杞再煎20分鐘。

3.加佐料服食，每日1劑，連服1個月。

功效：溫腸益氣，散寒養胃。

主治：如腰背冷痛、形寒肢冷、疲倦乏力、小便清長、夜尿多、面龐浮腫。

更年期適用證型	
	腎陰虛
●	腎陽虛
	心肝火旺
	脾腎陽虛
	肝腎陰虛
	心腎不交

●2餐份

百合雞子黃湯

更年期適用證型	
	腎陰虛
	腎陽虛
	心肝火旺
	脾腎陽虛
●	肝腎陰虛
	心腎不交

材料：雞蛋2個，百合（鮮者好吃）30克，白芍3克，黃芩1克，砂糖適量。

作法：

1.百合洗淨剝片；雞蛋取蛋黃備用；白芍、黃芩用不織布袋裝好。

2.將白芍、黃芩與百合一起放入鍋中，加清水適量，武火煮沸後，文火煲約20分鐘。

3.取出不織布袋，下雞蛋黃、砂糖略煮，飲湯食蛋、百合。每日1次，連服1週。

功效：補心養陰，除煩安神。

主治：更年期失眠、月經不調、心煩易怒、易醒多夢、乍寒乍熱。

●2餐份

洋參棗仁豬心湯

更年期適用證型	
	腎陰虛
	腎陽虛
	心肝火旺
	脾腎陽虛
	肝腎陰虛
●	心腎不交

材料：西洋參25克，酸棗仁10克，豬心1個，鹽適量。

作法：

1.將豬心去油脂，洗淨備用。

2.將西洋參、酸棗仁、豬心放入砂鍋，加水適量用文火燉至豬心爛熟，加入少許食鹽調味即可食用。

3.1日服食1~3次，1週吃3~5劑。

功效：益氣養血，補心安神。

主治：更年期綜合症，如心悸、健忘、失眠、面色黃白、疲倦乏力、懶言喜臥。

小叮嚀

酸棗仁藥性和緩，除安神外也兼具滋養與斂汗的功效，採購時以外皮紫紅、裡面黃色、粒大飽滿，無核殼者為佳。

●3~4餐份

桂圓童子雞

更年期適用證型	
	腎陰虛
	腎陽虛
	心肝火旺
	脾腎陽虛
	肝腎陰虛
●	心腎不交

材料：童子雞1只，桂圓肉100克，酸棗仁5克，米酒10cc，蔥、薑、鹽適量。

作法：

1.將宰殺好的雞去內臟，剁去雞爪，洗淨在沸水中燙一下，撈出洗淨後放入瓦盅。

2.再加入桂圓肉、酸棗仁、酒、蔥、薑、鹽，加4碗水，隔水蒸燉1小時，取出蔥、薑即可食用。每週1劑。

3.素食吃法：將雞肉改成豆包，並加入紅棗10個。

功效：養心安神，益精髓。

主治：心悸、失眠、多夢、注意力不集中、疲倦等。

●2餐份

桂圓豬心湯

更年期適用證型	
	腎陰虛
	腎陽虛
	心肝火旺
●	脾腎陽虛
	肝腎陰虛
	心腎不交

材料：豬心1個，桂圓肉、黨參各30克，紅棗5個。

作法：

1.將豬心切去肥油，洗淨切片；桂圓肉、紅棗（去核）、黨參洗淨備用。

2.將以上材料一起放入鍋中，加清水適量，用武火煮沸後，文火煲2個小時，即可食用。1日服食2次，飲湯吃肉，每週服2劑。

功效：補益氣血、養心安神。

主治：更年期綜合症，如虛煩失眠，心悸多夢，神疲乏力。

小叮嚀

黨參是補氣藥，有補中益氣、生津養血的功效。雖然性能與人參相近，但效力較人參微弱，因此作為人參替代品時，應提高用量。

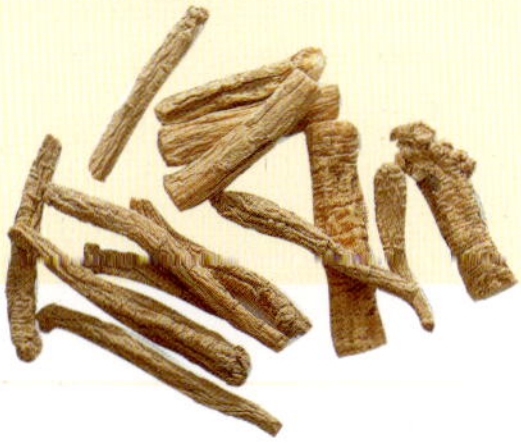

鱉魚枸杞湯

●2餐份

小叮嚀

鱉性寒味鹹，其蛋白質含量多，極易為人體吸收，有滋陰除熱、益腎健骨、散瘀血、消脾腫、降血壓等功效，但是腸胃虛弱、消化不良、大便溏瀉者不宜食用。

更年期適用證型	
	腎陰虛
	腎陽虛
	心肝火旺
	脾腎陽虛
●	肝腎陰虛
	心腎不交

材料：鱉1隻，當歸3克，川芎1克，枸杞30克，薑、蔥、糖、料酒等適量。

作法：

1.鱉魚去內臟，腹內填入當歸、川芎、枸杞及薑、蔥、糖、料酒等佐料。

2.放入電鍋清蒸至肉熟，連湯服用，每天服1次。

功效：滋陰養血，補益肝腎。

主治：腰膝酸軟、頭暈頭痛等更年期綜合症。

●2餐份

益腎養顏瘦肉湯

材料：豬瘦肉250克，熟地黃、何首烏各30克，枸杞5克。

作法：

1.熟地黃、何首烏洗淨以不織布袋裝好；豬瘦肉洗淨，剁碎。

2.把全部用料放入鍋，加清水適量，武火煮沸後改文火煲30分鐘，最後加入枸杞即可。每日吃2次，每週服2~3劑。

功效：滋陰補心，烏髮養顏。

主治：因腎陰虛而導致的月經過少，如月經不調，經行量少或數月不行，頭暈眼花，腰酸腳軟，甚至崩漏。亦可用於頭髮早白、面色枯槁、皮膚粗糙。

更年期適用證型	
●	腎陰虛
	腎陽虛
	心肝火旺
	脾腎陽虛
	肝腎陰虛
	心腎不交

更年期適用證型	
	腎陰虛
	腎陽虛
	心肝火旺
	脾腎陽虛
	肝腎陰虛
●	心腎不交

素

1次份

甘麥大棗湯

材料：浮小麥30克，甘草10克，紅棗（去核）6個。

作法：

1.將浮小麥、炙甘草、紅棗洗淨，全部材料放入鍋，加1000cc的水，以武火煮沸。

2.改文火煮半小時，也可加米煮成粥。早晚各1次，連服1週。

功效：養心安神，緩急和胃。

主治：更年期臟躁，如精神恍惚、時悲傷欲哭、不能自主、心煩失眠、時而躁動不安、亢奮異常、喜怒無常。

2餐份

蓮藕大骨湯

材料：蓮藕250克，豬大骨500克。

作法：

1.將蓮藕洗淨，切小塊備用。

2.把全部材料一起，加入適量清水，入悶燒鍋武火煮20分鐘後，移至主鍋中悶一小時，然後調味即可，隨量飲用。每日2次。

功效：健脾補氣，止血調經。

主治：月經病症見月經過多、崩漏、經期延長、經色淡紅而稀，或經行吐血、鼻血、牙齦出血、皮下出血。

更年期適用證型	
	腎陰虛
	腎陽虛
●	心肝火旺
	脾腎陽虛
	肝腎陰虛
	心腎不交

小叮嚀

蓮藕的選購要訣是要買肥大、具重量感、節間距不過大、莖中空孔大、表皮光滑、微紅者為佳，刀子切開後，要放入水中以減少氧化。

●2餐份

元氣首烏湯

更年期適用證型	
	腎陰虛
	腎陽虛
	心肝火旺
	脾腎陽虛
●	肝腎陰虛
	心腎不交

材料：雞胸肉(去皮)250克，何首烏20克，黃耆30克，紅棗（去核）10枚。

作法：

1.將黃耆、何首烏洗淨，用不織布袋裝；紅棗洗淨去核；雞胸肉切成小塊。

2.把以上材料一起放入慢燉鍋，加水2000cc，熬煮2小時後，去藥袋，即可飲用。每日服用2次。

功效：補氣血，滋肝腎。

主治：更年期綜合症，如頭暈眼花、失眠耳鳴，虛弱倦怠無力等。

更年期適用證型	
	腎陰虛
●	腎陽虛
	心肝火旺
	脾腎陽虛
	肝腎陰虛
	心腎不交

小叮嚀

仙靈脾是淫羊藿的別稱，能刺激性慾、抗衰老、降血壓。但是火氣大的人，如陰虛火旺而相火易動者忌服。

●2餐份

二仙羊肉湯

材料：羊肉250克，仙靈脾15克，仙茅、枸杞各10克，桂枝2克。

作法：將仙茅、仙靈脾、桂枝洗淨，用不織布袋包裹；羊肉洗淨，切小塊備用。

1.把全部材料一起放入砂鍋，加清水適量，武火煮沸後，文火煮2小時。

2.去藥包，加枸杞再略煮，調味即可隨量飲用。1日1次，1週服2~3次。

功效：溫補腎陽。

主治：更年期綜合症，如面色晦暗，面目四肢浮腫、惡寒汗出、食少便溏、尿意頻繁，月經先後不定期，經量或多或少，帶下清稀等。

小叮嚀

選購川芎以外皮黃褐色、香氣濃、根基肥碩、質地豐重者為佳。有月經過多、出血性疾病、口乾舌燥、火氣大者要慎用。

素

更年期適用證型	
	腎陰虛
	腎陽虛
	心肝火旺
	脾腎陽虛
●	肝腎陰虛
	心腎不交

清空湯

一次量

材料：枸杞12克，川芎5克，大棗10枚，煅龍骨20克，菊花15克。

作法：

以上材料放在水中煎，煎好1次溫服。每日1劑，可連服5日。

功效：頭痛、脹，遇熱明顯，安神、定志、斂汗。

主治：如神志異常、情緒波動、頭暈頭痛、失眠盜汗、呵欠頻發等。

素

一次量

天麻熄風湯

材料：何首烏、天麻各20克，決明子、酸棗仁各15克。

作法：

以上材料放在水中煎，煎好1次溫服。每日1次，可連服5日。

功效：益腎安神，平肝熄風。

主治：如頭暈目眩、頭痛項強、煩躁不眠、烘熱汗出等症。

更年期適用證型	
	腎陰虛
	腎陽虛
	心肝火旺
	脾腎陽虛
●	肝腎陰虛
	心腎不交

更年期適用證型	
	腎陰虛
	腎陽虛
	心肝火旺
●	脾腎陽虛
	肝腎陰虛
	心腎不交

黃耆肚片湯 ●3餐份

材料：黃耆15克，新鮮的1/4個豬大肚（豬的胃），新鮮山藥100克，枸杞10克。

作法：

1.將黃耆用不織布的小袋子包起來，與豬大肚、山藥一起放入鍋中，小火燉煮1小時，或者以煲湯的方式。

2. 熟後，把黃耆包撈出，並加入枸杞。當點心食用。

功效：益氣健脾，養胃氣。

主治：氣血虛弱、疲勞、食慾不振。

小叮嚀

黃耆又稱小人參，是中醫最廣泛使用的藥材，可補中益氣、增強抵抗力。但是若有感冒、拉肚子等發炎狀況，或是高血壓病患不宜食用。

更年期適用證型	
	腎陰虛
	腎陽虛
	心肝火旺
	脾腎陽虛
●	肝腎陰虛
	心腎不交

●1餐份

首烏雞湯

材料：何首烏30克，麥冬5克，枸杞10克，雞腿一隻。

作法：

1.將藥材以不織布袋包好，與雞一同入慢燉鍋中，加水800cc，燉一夜即可。吃肉喝湯，每週服用1次。

2.素食吃法：素食者可將雞肉改成豆包。

功效：補益肝腎、滋陰潤燥。

主治：如口乾舌燥、腰膝酸軟、目昏耳鳴等症。

蓮子茯苓粥

1餐份

材料：蓮子20克，茯苓10克，扁豆5克，米1杯。

作法：將蓮子、茯苓、扁豆與米同煮，煮沸後改用文火，煮至黏稠為度，可加適量白糖調服。每日服用1劑，可連服2週。

功效：養心益腎，補脾止瀉。

主治：如腎虛尿頻，脾虛泄瀉。

更年期適用證型	
	腎陰虛
	腎陽虛
	心肝火旺
●	脾腎陽虛
	肝腎陰虛
	心腎不交

素

小叮嚀

扁豆是開胃、健脾、利濕的食物，挑選時以顆粒大、外型扁平、無雜質者為佳，可於生機飲食店、台北南門市場或迪化街購買。

生脈飲

一次量

更年期適用證型	
●	腎陰虛
	腎陽虛
	心肝火旺
	脾腎陽虛
	肝腎陰虛
	心腎不交

素

材料：麥冬11克，人參是6克~8克，五味子4克。

作法：

將上述3種藥材加入500cc的水中煮，煮20分鐘後將湯汁瀝出，當開水飲用，每日1劑。

功效：生津止渴、益氣、養身。

主治：病後虛弱、氣短倦怠、體虛、口渴多汗的病人。

小叮嚀

這是中醫臨床上，針對得慢性病虛弱的病人常用的方劑。其中五味子具酸甜苦辣等五種味道，不過以酸味最明顯，所以不要放太多。

雙仁粥

1餐份

材料：酸棗仁、柏子仁各10克，紅棗5枚，粳米1杯，紅糖適量。

作法：

1.先煎酸棗仁、柏子仁、紅棗〈去核〉，加水5碗，取汁3碗。

2.將藥汁與粳米合煮為粥，粥熟後調入紅糖即可服食。每日1次，連服7日。

功效：養心安神，寧心定悸。

主治：更年期綜合症，如心慌心悸、失眠易醒、頭暈倦怠、面色不華、懶言少動。

更年期適用證型	
	腎陰虛
	腎陽虛
	心肝火旺
	脾腎陽虛
	肝腎陰虛
●	心腎不交

素

1餐份

百合生地粥

材料：百合60克，生地黃30克，新鮮山藥100克，白糖適量。

作法：

1.將生地黃洗淨後切碎，加水3000cc，煎至2000cc時去渣。

2.加入洗淨的搗碎百合，煮至糊狀後，加入新鮮山藥。

3.煮沸之後，加入白糖，分2次溫服。

功效：滋陰潤燥，養血清熱。

主治：失眠，煩躁，易怒等症。

更年期適用證型	
	腎陰虛
	腎陽虛
	心肝火旺
	脾腎陽虛
	肝腎陰虛
●	心腎不交

素

小叮嚀

選購生地黃時以體重碩大，斷面烏黑油潤者為佳，因為它會影響消化功效，所以腸胃不佳的人要少用，拉肚子的人更要忌食。

1餐份

芡蓮核桃粥

材料：米1杯，核桃仁、芡實各20克，蓮子18克。

作法：

1.將以上材料洗淨、浸泡2小時，備用。

2.用果汁機將材料打碎後，加水1000cc煮粥，每日1次，經常服食。

功效：健脾益氣，抗老養顏

主治：怕冷、身體四肢寒冷、夜間頻尿等症。

更年期適用證型	
	腎陰虛
●	腎陽虛
	心肝火旺
	脾腎陽虛
	肝腎陰虛
	心腎不交

酸棗仁粥

1餐份

更年期適用證型	
	腎陰虛
	腎陽虛
●	心肝火旺
	脾腎陽虛
	肝腎陰虛
	心腎不交

材料：酸棗仁（搗碎）30克，米1杯，牛肉60克，糖適量。

作法：

1.將酸棗仁用紗布包包好，牛肉絞碎備用。

2.將以上二者與米同時放入鍋中，加水1000cc煮粥。煮熟後去掉紗布袋，再加紅糖調勻。

3.溫熱後睡前服用，每日1次。

功效：寧心安神、益氣養胃。

主治：失眠、多夢、食慾差、耳鳴、健忘、腰背痛等症。

更年期適用證型	
	腎陰虛
	腎陽虛
	心肝火旺
	脾腎陽虛
●	肝腎陰虛
	心腎不交

素

安神紫米粥 1餐份

材料： 黨參30克，茯神、麥冬各10克，紅棗（去核）10枚，紫糯米100克，紅糖適量。

作法：

1.將黨參、紅棗、茯神加水5碗，共煎汁至3碗水。

2.把以上藥汁與糯米同煮成粥，粥熟後加入紅糖，服用前加入椰漿。

3.每日或隔日食用1次，一次療程連用5~7日。

功效： 養血安神。

主治： 更年期綜合症，如心悸、失眠、健忘、多夢、面色黯淡。

小叮嚀

麥冬又稱麥門冬，屬補陰的藥。現今醫學也常用於降低血糖、促進胰島細胞活躍。選購時以表面淡黃、完整壯碩、半透明、氣香、嚼起來有黏性者為佳。

清上菊花粥 1餐份

材料： 白菊花10克，枸杞5克，米1杯。

作法：

1.菊花加水200cc，煎煮10分鐘後過濾取汁備用。

2.將米煮成粥，待粥快熟時調入菊花汁及枸杞，再稍煮1~2分鐘即可。

3.一日服食2~3次，一次療程連用5~7日，宜常服。

功效： 清肝明目，降低血壓。

主治： 更年期綜合症，如頭痛頭暈、失眠目赤、口乾口苦、煩躁不安、血壓升高。

更年期適用證型	
	腎陰虛
	腎陽虛
●	心肝火旺
	脾腎陽虛
	肝腎陰虛
	心腎不交

素

更年期適用證型	
	腎陰虛
	腎陽虛
	心肝火旺
●	脾腎陽虛
	肝腎陰虛
	心腎不交

素

小叮嚀

直接用熟飯煮粥，會不夠黏，甜味較不足，因此要以生米來煮粥。

菱角蘑菇粥 1餐份

材料： 菱角30克，蘑菇10克，米50克，枸杞6克，紅糖適量。

作法：

1.菱角去殼，或是直接購買去殼的菱角；然後把菱角肉磨碎，蘑菇切小片備用。

2.將菱角、蘑菇、米放入500cc的水中煮，煮到粥快熟的時候，加入枸杞與紅糖。每日1劑，時常服用。

功效： 防癌抗癌、補益脾胃。

主治： 中老年婦女子宮頸癌防治，或脾虛泄瀉。

更年期適用證型	
●	腎陰虛
	腎陽虛
	心肝火旺
	脾腎陽虛
	肝腎陰虛
	心腎不交

首烏粥 1餐份

材料： 何首烏30克，米100克，紅棗5顆，香菇3朵，香菜適量。

作法：

1.先將何首烏與紅棗加入1000cc的水中煮，再將汁液瀝出；香菇泡軟，切成條狀備用。

2.以此汁液煮粥，並加入香菇，等粥快煮好時再加入香菜。

功效： 何首烏可以預防白髮，此粥可補肝腎、延年益壽。

主治： 更年期婦女的腰酸背痛、白髮、倦怠。

素

・養生茶・

參苓棗仁飲

更年期適用證型	
	腎陰虛
●	腎陽虛
	心肝火旺
	脾腎陽虛
	肝腎陰虛
	心腎不交

材料：黨參30克，茯苓15克，酸棗仁10克，糖適量。

作法：

1.將黨參、茯苓、酸棗仁等加水1000 cc，文火熬30分鐘。

2.將湯汁瀝出，調入糖，代茶頻飲。

功效：健脾補氣，養心安神，益陰收汗。

主治：更年期綜合症，如心神不寧、口乾口渴、少氣懶言、煩躁失眠。

菊花茶

更年期適用證型	
	腎陰虛
	腎陽虛
●	心肝火旺
	脾腎陽虛
	肝腎陰虛
	心腎不交

材料：菊花30克，桑椹10個，冰糖適量。

作法：

1.將乾菊花、桑椹用水洗淨，放入砂鍋，加適量水，用大火煮沸。

2.而後改用小火煮10分鐘。熄火放冷後，用雙層紗布過濾，再加冰糖，放入冰箱，即可飲用，可以常常服用。

功效：清熱解毒，清肝明目。

主治：症見頭痛、目赤、口乾口苦、煩躁、血壓升高、失眠多夢。

· 滋潤甜品 ·

蓮子茯苓散

材料：茯苓、蓮子各100克。

作法：

將茯苓、蓮子一起研成粉，1次服15克，1日服2次，在早晚以開水送服，或可加牛奶豆漿一起服用。

功效：健脾養心安神。

主治：更年期綜合症。症見神疲懶言、食慾不佳、情緒抑鬱寡歡。

更年期適用證型	
	腎陰虛
	腎陽虛
	心肝火旺
●	脾腎陽虛
	肝腎陰虛
	心腎不交

甜蜜百合

材料：新鮮百合45克，蜂蜜適量。

作法：

以蜂蜜將百合拌勻，用文火蒸熟，於睡前服食一半，其餘放冰箱，隔夜加熱再服。

功效：滋陰潤燥、養顏美容。

主治：腎水不足，心神失養、皮膚乾燥等更年期綜合症。

更年期適用證型	
●	腎陰虛
	腎陽虛
	心肝火旺
	脾腎陽虛
	肝腎陰虛
	心腎不交

冰糖蓮子

更年期適用證型	
	腎陰虛
	腎陽虛
	心肝火旺
	脾腎陽虛
	肝腎陰虛
●	心腎不交

材料：蓮子300克，冰糖、白糖各200克，桂花少量。

作法：

1.將蓮子泡爛後，去掉蓮子芯，放入碗內，加入開水適量，至蒸鍋內蒸50分鐘。

2.取出蓮子，將蒸過的蓮子再用開水沖洗2次。在鍋內倒入清水，煮沸後，放入冰糖、白糖，煮沸後將糖汁過濾，把桂花撒在蓮子上。

3.只食用蓮子，1天服用2次，連用3日食完。

功效：清心降火，養心安神。

主治：心火盛型更年期綜合症，如心神不寧，心煩易怒，失眠多夢，口舌生瘡。

蜂蜜王漿

更年期適用證型	
	腎陰虛
	腎陽虛
	心肝火旺
●	脾腎陽虛
	肝腎陰虛
	心腎不交

材料：蜂王乳50克，蜂蜜500克。

作法：

將蜂王乳研成勻漿，與蜂蜜混勻，用乾燥玻璃器皿儲存。飯前半小時以溫開水送服，1次1湯匙，或加入豆漿牛奶更好吃。

功效：滋補肝脾，補益氣血。

主治：更年期綜合症，如頭暈心跳、食少便溏、煩躁易怒、頭目暈眩、烘熱汗出、或大便燥結等。

・癌症術後調養食譜・

烹調癌症食譜的原則就是不斷地改變、換口味，注重色香味，可以刺激病人食慾。病人也可喝些果汁、菜汁類的半流質食物，例如在果汁中可以加牛奶。

薏仁蓮子粥

素

材料：薏仁100克，米100克，蓮子20至30克。

作法：

1.將以上材料加水一起煮，煮到爛為止。

2.煮完後若覺得不夠爛，可放到果汁機中打，一直打到半流質的狀態。

3.在煮好的粥中加一些糖或鹽，或加蔥、薑來調味，1天吃個2、3次都可。

扁豆山藥糯米粥

素

材料：扁豆15克，山藥30克，再加上米或糯米100公克。

作法：將以上材料加水，熬煮成粥。

黃耆鱉魚湯

材料：黃耆30克，當歸兩克（約1片到2片），鱉1隻。

作法：

1.將鱉去腸及內臟，洗淨斬塊，用開水沖洗去血水，撈起濾乾備用。

2.將黃耆、當歸用水煎汁，以此湯水再去煮鱉魚。

3. 素食吃法：鱉可改成豆包與紅棗。

蓮藕牛奶

素

材料：蓮藕粉10克，牛奶200cc。

作法：

1.先將藕粉調入冷水中攪勻，再倒入滾水中稍滾。

2.最後加入牛奶即完成。

紫草根菱角湯

素

材料：紫草根15克，去殼菱角6個，白果10顆，薏仁30克，蜂蜜適量。

作法：

1.先將紫草根煎汁，再將菱角、白果、薏仁加入紫草根汁中一起煮。

2.煮好後，可加上蜂蜜一起吃。

小叮嚀

日本曾有實驗證明，每日飲用鮮菱角汁，可以幫助對抗癌症。在中藥裡菱角有清暑、止渴、安中、補中、補臟以及解毒的功用，因此臨床上中醫常會建議癌症術後病人吃菱角。

Chapter 5

五、附錄

妳最想知道的！

10大女性更年期Q&A

對於女性更年期，市井中常流傳著一些似是而非的觀念，這裡列出常見的10大問題，為妳解除疑惑！

Q1 更年期女性已無生育考量，所以不必避孕？

A：在即將停經前，生育力雖然下降，但仍有生育能力，要真正進入停經期才會終止生育能力，所以更年期女性和青春期女孩類似，可能會有不規則排卵的現象，也許有一個週期不排卵，但到下個週期卻受孕了。

Q2 初經年齡越早，更年期也愈早？

A：不一定，人的身體很複雜，不能如此簡化。由觀察得知，如有子宮肌瘤、子宮內膜增生症的女性，更年期有延後現象。另外，遭受到重大打擊，如四十多歲遭遇婚姻問題，常使更年期提早來到；沒有性經驗的人更年期亦會提早。更年期來得早或晚，受諸多變數影響。

Q3 月經間隔較短是否表示更年期會提早來到？

A：月經間隔較短並不表示更年期會提早來或是變老，來潮的時間也不會影響。不過，吸煙可能會提早更年期，據統計會提早一年半。其它可能提早更年期的因素包括營養不良、遺傳、太瘦弱、居住在高緯度、曾接受子宮切除手術、憂鬱症等等。

Q4 更年期來臨，是否代表老得更快了？

A：不是，其實更年期只代表一個階段，老化的程序由人們停止生長的那一刻就開始進行，並非到了更年期才開始變老。然而，這裏所稱的「老」只是外觀等生理方面的老化，隨著年齡的增加，人會更圓融、更慈祥、更有智慧，這反而是成長。所以，更年期有二面，一方面是生理老化正在進行，另一方面，則是心靈及精神成長持續進行。

Q5 未達更年期就切除子宮的女性，早就沒有月經，以後還會有更年期嗎？

A：若是切除子宮時沒有連同兩邊卵巢也一併切除，或者保留一邊卵巢，還是有可能在五十歲左右出現更年期症狀。若將兩邊卵巢全部摘除，在手術後會造成早發性更年期症狀，端賴手術方式而定。若症狀不明顯，可不必在意，若是症狀嚴重，應找相關醫師進行治療或調理。

Q6 中醫也能治療更年期症候群？

A：中醫及西醫是兩個獨立的醫療體系，對於更年期症候群均有各自獨立的預防、治療及調理方式，並無何者為主何者為輔的關係。西醫荷爾蒙療法可迅速緩解更年期症狀，同樣地，中醫在辨證精確、處方合宜的情況下，療效也是立竿見影，而且可收扶源固本之效。更年期若能妥善處理，有助於進入銀髮時期的生活及生命品質的提升。

Q7 有了更年期症候群，就一定要進補嗎？

A：適當地進補或調養，的確對更年期綜合症有助益。但因每個人情況不盡相同，體質也不同，甚至有些人本身就有慢性病，所以，調養方式最好要依個別情形，經由醫師評估及辨證論治的結果，量身訂做。

Q8 女性有類似更年期症狀該如何求醫？

A：更年期的症狀有很多，有時可能和其他的疾病症狀混淆，應由專科醫師來診治。女性可依症狀發生的類型，先到內科就診做明確的檢查：如神經科、耳鼻喉科、心臟血管科、生殖泌尿科、皮膚科或癌症篩檢，確定沒有器質性疾病，再看婦產科或中醫門診，進行更年期症候的治療。也可以考慮住院做一個全身身體檢查，以檢視全身身體狀況。

若有心理或精神方面的困擾，也可尋求適當的諮詢機構，或由婦產科及身心科合併診療。

Q9 更年期一定要使用荷爾蒙嗎？

A：使不使用荷爾蒙療法，不應被當成是非題，女性應評估自己使用此療法的目的為何。若是為了要青春不老，荷爾蒙療法並不能達到目標，而且否認自己步入中老年的事實，也是一個不健康的想法。如果只是把目標訂在「減少症狀、維護健康」，荷爾蒙療法的確對於一些生理症狀有緩解的效果。然而，亦有許多研究發現，更改飲食及生活習慣、適度運動、使用中藥或藥草、擁有良好的人際關係等，對緩解更年期症狀的效果甚至更好。所以，荷爾蒙療法並非唯一的選項，可把它當成菜單中的某一道菜色，不一定非吃這道菜不可。可選用其他菜色，也可以一起搭配使用，讓荷爾蒙的使用量減少。

女性參與治療計劃，既可以幫助自己減少更年期所帶來的痛苦，也可以在與身體的相處中，體察並接受身體的變化，自在地度過更年期。

Q10 更年期心理情緒上的波動，全然因雌性素缺乏所導致？

A：並非如此。更年期期間，女性的家庭、社交生活及職業生涯也會改變，因角色轉換所造成的壓力，再加上身體不適，往往會令女性的情緒波動較大，這也易在與家人相處時產生磨擦。女性此時若能在生活中找到新重心，如參與社團活動或擔任義工，有助於重新發現自我的價值。

此時也是女性重新獲得自由的時期，做好生涯規劃，培養興趣，發展嗜好，讓更年期到老年期都能盡情享受人生。而且不僅是女性本身需要自我挖掘與調適心情，家中其他成員也應體諒並提供支持，大家彼此寵愛，使得「家」更美麗。

Chapter 5

你該關心的男性更年期

先生也進入更年期了？

老化是不分性別的，其實男性也有更年期，只是因為先天生理的不同，而不像女性更年期那樣引人注目。

男性也是有更年期的，中年男性約在五十歲時，因睪固酮分泌量減少，也會產生一些現象，像是精子數目下降、精蟲活動力降低、睪丸變小、射精力量及精液減少、及前列腺腫大等。

但由於睪固酮下降的情形不若女性雌性素減少得快速，大多數是非常緩慢地進行，甚至長達十至二十年，所以身體較易適應，只有少數會經歷到失眠、躁動不安、頭痛等症狀，大多數男性都沒有察覺到這些細微的身體變化。

男性腎氣較足而且晚熟

更年期的發生，與腎氣漸衰有關。先天上來說，男性腎氣即較女生充足，又加上女生每月月經來潮，亦使腎精流失，消耗更盛，這也是女性更年期症狀較嚴重的成因之一。

由身體發展來看，女性通常較男性早熟。文獻中，青春期女孩的初經年齡約為十一到十五歲之間，平均為十二、三歲，而男孩則約有五成是在十四、五歲時會製造精子，所以可知，一般女孩的成熟比男孩約提早了二年。這種發展速率的不同，也是女性更年期較男性更年期更為提早的原因，因所謂「早發則早凋」，內在的

生理時鐘正如是地運轉。

男性以「八」的倍數為人生階段

《內經・素問》〈上古天真論〉說：「丈夫八歲腎氣實，髮長齒更，二八（十六歲）腎氣盛、天癸至，精氣溢瀉，陰陽和，故能有子；……五八（四十歲）腎氣衰，髮墮齒槁。六八（四十八歲）陽氣衰竭於上，面焦，髮鬢斑白；七八（五十六歲）肝氣衰，筋不能動，天癸竭，精少，腎臟衰，形體皆極。八八（六十四歲）則齒髮去。」

這段文字的意思，是說明男孩十六歲（二八）天癸至，精氣足，開始遺精，會使女子受孕。到了四十歲（五八）時，生理機能開始由盛轉衰，到了五十六歲（七八）時，天癸竭，精子、精液製造與分泌均大幅度下降。

什麼是天癸？

天癸，在中醫理論中是指一種無形之水，有異於血液、唾液、尿液、汗液…等眼睛所能看到的水，被稱為元陰或元精，雖然肉眼看不見，但對身體強弱影響很大，與現代醫學所講的生殖內分泌，有許多相似處。

男性更年期的四大症狀

一般而言，男人在五十歲之後，男性荷爾蒙才逐漸地減少，所以男性約在五十～六十歲時進入更年期。此時由於雄性素分泌量開始下降，睪丸、腦垂體、下丘腦和大腦皮層之間的相互作用失去了平衡，因而會引發一些更年期症狀，主要有四大類：

1. **情緒和心理症狀：**情緒起伏不定、疲勞、工作能力下降、注意力不集中等。嚴重的會逐漸變得抑鬱，焦慮猜疑，感情脆弱，脾氣粗暴等。
2. **性及泌尿功能衰退：**性慾降低、勃起時硬度下降、有陽萎或良性前列腺肥大。
3. **生理機能變化：**身體脂肪增加、肌肉強度減退，骨質減少、骨骼關節疼痛、失眠、便祕等。
4. **血管舒縮症狀：**如多汗、潮熱、心悸等，有些人還會出現心血管系統功能紊亂，有陣發性的心跳過速或過緩症狀。

Chapter 5

讓更年期提早的錯誤習慣

男性並不像女性一樣，有絕經的明確分野，即使隨著年齡增加，總生理功能逐漸減退，但男性精子仍持續製造，即使到了七十歲，仍有精子產生，也曾有文獻報告，九十五歲男性仍能生子的案例，不像女性存在著育齡界限。

即使每一個男性都會經歷男性賀爾蒙下降的現象，但會發生更年期症候群的並不多，只有少數人的男性賀爾蒙水平可能較其他男性為低，所以才出現男性更年期的症狀。

研究指出，吸煙、血中膽固醇太高、慢性病、惡劣的生存環境，容易使更年期提前到來。另外，從事腦力勞動而很少鍛鍊身體的人，或者以前從事過激烈的體育運動卻突然終止者，也容易提前發生更年期。相反

的，外出機會較多或經常適當活動身體的人，更年期來得較晚。

男性更年期的調理祕訣

男性的更年期綜合症對於生活和工作的影響並不大，所以應著重在預防和調理，包括：

❶ 建立良好的健康生活模式

定期適度運動以保持肌肉及骨質，少抽煙、不酗酒，生活規律，防止過度勞累，性生活宜適度，勿過度縱慾，以保養腎精。

❷ 保持良好心境並且妥善處理壓力

若能將得失心、各種慾望降低，也可提高對疾病的抵抗力。

❸ 養成良好的飲食習慣

應注意膳食平衡，多吃些新鮮蔬菜和粗糧及水果。要講究營養豐富，但不可吃得過於肥膩，晚餐不要過飽，以防損傷脾胃。

❹ 適度食補

可以吃些能改善或增強性腺功能的食物，如蝦、羊肉、羊腎、韭菜、核桃等。其次也可吃一些有助於改善神經功能、心血管功能、安神養心的食物，如羊心、豬心、山藥、核桃仁、大棗、龍眼、桑椹等。人到中年，可適度進補，但最好是在醫生的指導下進行，不可濫用補藥。

Chapter 5

還有疑問，怎麼辦？

三大更年期諮詢管道

除了自己補充保健常識外，國家也為更年期女性設置了諮詢求助管道，有相關困擾的女性可多多利用喔。

① 更年期保健諮詢專線

・**電話：**0800-005107（諧音：鈴…鈴…，我要年輕！）

・**簡介：**本專線是由行政院衛生署國民健康局，委託中華民國更年期學會所設立的免費保健諮詢專線。女性有任何疑問，包括營養、身心問題、運動、醫療及相關資源的詢問，都可以撥打這個專線。服務時間是週一到週五，上午九點到下午六點。

服務項目：

・對個案進行症狀評估。

・針對個案需求進行衛生教育，建立正確觀念。

・轉介服務，轉介機構包括各醫療院所、生命線、家暴專線…等。

・辦理偏遠地區保健講座。

・提供更年期成長團體資訊。

・民眾保健講座。

② 更年期特別門診

許多醫療院所亦設有更年期特別門診，有些醫院還有志工在現場提供醫療諮詢，民眾亦可就近利用。若不知道居所附近的醫療院所有無相關服務，除了直接打電話或親臨該院洽詢外，亦可直接致電0800—005107更年期諮詢專線，也可以得到答覆或轉介服務。

3 更年期相關服務機構

國民健康局

・網址：http://www.bhp.doh.gov.tw

・電話：（04）22550177

・傳真：（04）22545510

・簡介：衛生署為使保健工作事權統一、推動工作更具效率，於民國九十年將原有的衛生署保健處、公共衛生研究所、家庭計畫研究所及婦幼衛生研究所四合一，成立國民健康局。

國民健康局亦成立了一個專門對中老年人提供醫療保健資訊的網站，名為「健康久一點，中老年保健網」。

・網址：

http://health91.bhp.doh.gov.tw/，提供包括更年期等多項多元化的保健資訊。

另外，國民健康局已完成《更年期荷爾蒙療法衛教手冊》（在中老年保健網站上有刊錄）及《更年期保健手冊》，提供給女性參考。

由於相關研究發現，更年期女性尋求他人的支持與關懷，參加團體與同儕的互動與交流，更有助於走出更年期陰霾，所以國民健康局自九十一年下半年起，試辦支持性的「更年期成長團體及志工培訓計畫」，至九十二年止已有十家醫療院所成立更年期女性成長團體，民國九十三年正式推廣，預定成立十五家，以「社區型態」的成長團體為主，期能將更年期宣導深入社區，並以尚未成立的縣市優先辦理，讓更多女性有參與機會，歡迎女性朋友就近參加。

如何索取更年期手冊？

1.《更年期荷爾蒙療法衛教手冊》預計在民國九十四年修訂再版，女性朋友可上網：http://health91.bhp.doh.gov.tw/study.htm閱覽舊版。

2.如欲索取《更年期保健手冊》亦可逕洽當地衛生局、所，或向厚生文教基金會索取，電話02-23518188轉55（吳淑琴小姐）。

中華民國更年期協會

・地址：桃園縣龜山鄉復興街五號婦產部

・簡介：中華民國更年期協會是由醫師、護理人員及有志於更年期衛教的人士所組成的社團組織，主要任務有定期舉行演講活動，以推廣民眾對更年期問題的正確處理態度及方法、協助患者互相支持及經驗分享、協助更年期國人的諮詢治療等。對於夫妻間因更年期階段所引發的隔閡問題，也會加以協助，尋求解決的辦法。

●國家圖書館出版品預行編目資料

更年期自療事典／石玉鳳執行主編．
--台北市：三采文化，2005〔民94〕
面：　公分．--（三采中醫館：5）
ISBN　986-7298-15-2（精裝）

1.婦科（中醫）　2.更年期
413.6　　93024361

MW01705838

建議陳列區：綜合書區－醫療保健

suncolor 三采出版集團

三采中醫館 5

更年期自療事典

作者　劉桂蘭
執行主編　石玉鳳
執行編輯　曾詠蓁
文字編輯　謝杏芬、曾詠蓁
美術主編　俞品聿
封面設計　張淑玲
美術編輯　徐燕如
插畫　鄭慧荷
攝影　林子茗、陳俊雄

發行人　張輝明
總編輯　曾雅青
著作權顧問　葉茂林
發行所　三采文化出版事業有限公司
地址　台北市內湖區瑞光路513巷33號8F
傳訊　TEL:8797-1234　FAX:8797-1688
網址　www.suncolor.com.tw
郵政劃撥　帳號：14319060
戶名：三采文化出版事業有限公司
本版發行　2006年8月10日
定價　NT$380